BEI GRIN MACHT SICH IHR WISSEN BEZAHLT

Elke Grath

Elternbildung - Leistungsdruck in der Familie

Zunehmende Anforderungen an Eltern und die Notwendigkeit neuer Beratungs- und Schulungskonzepte

GRIN Verlag

Bibliografische Information der Deutschen Nationalbibliothek:

Die Deutsche Bibliothek verzeichnet diese Publikation in der Deutschen National-bibliografie; detaillierte bibliografische Daten sind im Internet über http://dnb.d-nb.de/ abrufbar.

Dieses Werk sowie alle darin enthaltenen einzelnen Beiträge und Abbildungen sind urheberrechtlich geschützt. Jede Verwertung, die nicht ausdrücklich vom Urheberrechtsschutz zugelassen ist, bedarf der vorherigen Zustimmung des Verla-ges. Das gilt insbesondere für Vervielfältigungen, Bearbeitungen, Übersetzungen, Mikroverfilmungen, Auswertungen durch Datenbanken und für die Einspeicherung und Verarbeitung in elektronische Systeme. Alle Rechte, auch die des auszugsweisen Nachdrucks, der fotomechanischen Wiedergabe (einschließlich Mikrokopie) sowie der Auswertung durch Datenbanken oder ähnliche Einrichtungen, vorbehalten.

Impressum:

Copyright © 2010 GRIN Verlag GmbH
Druck und Bindung: Books on Demand GmbH, Norderstedt Germany
ISBN: 978-3-640-68730-5

Dieses Buch bei GRIN:

http://www.grin.com/de/e-book/155675/elternbildung-leistungsdruck-in-der-familie

GRIN - Your knowledge has value

Der GRIN Verlag publiziert seit 1998 wissenschaftliche Arbeiten von Studenten, Hochschullehrern und anderen Akademikern als eBook und gedrucktes Buch. Die Verlagswebsite www.grin.com ist die ideale Plattform zur Veröffentlichung von Hausarbeiten, Abschlussarbeiten, wissenschaftlichen Aufsätzen, Dissertationen und Fachbüchern.

Besuchen Sie uns im Internet:

http://www.grin.com/

http://www.facebook.com/grincom

http://www.twitter.com/grin_com

Leistungsdruck in der Familie – zunehmende Anforderungen an Eltern und die Notwendigkeit neuer Beratungs- bzw. Schulungskonzepte

Bachelorarbeit

**Studiengang B.A. Bildungswissenschaft
an der FernUniversität in Hagen
Fakultät für Kultur- und Sozialwissenschaften**

**Autorin:
Elke Grath**

Simmerberg, 20. April 2010

Inhaltsverzeichnis

1 Einleitung

Kinder werden in erster Linie im Elternhaus sozialisiert und erhalten hier ihre erste Bildung: Eltern übertragen ihnen ihr kulturell und gesellschaftlich geprägtes Bild der Umwelt. Welche Inhalte wichtig sind und wie Bildung vermittelt wird, darüber diskutiert die Wissenschaft schon seit langem. Neben der Erziehung der Kinder wurden Fragen zur Selbsterziehung der Eltern gestellt und Klassiker der Pädagogik, wie z. B. Comenius, Rousseau oder Pestalozzi beschäftigten sich mit Elternbildung. Inzwischen wird zu diesem Thema sehr umfangreich veröffentlicht und wissenschaftlich untersucht. Eltern werden fast überhäuft mit einer Flut von Ratgebern, Schulungs- oder Vortragsmöglichkeiten, empirischen Daten, thematisch aufbereiteten Beiträgen aus den Medien und wohl gemeinten Erziehungsratschlägen. Dieses Ausmaß an Informationen verstärkt einerseits die Problematik der Entscheidungen in Erziehungsfragen, andererseits benötigen Eltern Informationen und Anweisungen für ihre Elternrolle. Der schnelle gesellschaftliche Wandel unserer Zeit und die Aufweichung von Normen und Werten führen dazu, dass Handlungsmuster der vorherigen Generation nicht unhinterfragt übernommen werden, sondern vielfach erst diskutiert und neu aufgebaut werden müssen.

Anlass für meine erste These „Leistungsdruck in der Familie – zunehmende Anforderungen an Eltern" war eine Frage, die Nave-Herz im Ausblick ihres Buches „Familie heute" (2007, S. 129) gestellt hat. Dabei überlegt sie, ob die Leistungsanforderungen, die Eltern durch Veränderungen in der Familie und der sie umgebenden Gesellschaft heute erfahren, nicht derart gestiegen sind, dass die Gefahr der Überforderung und damit bedingenden negativen Auswirkungen auf den Sozialisationsprozess der Kinder, besteht.

Im ersten Teil dieser Arbeit wird deshalb die Lage der Familie heute beschrieben, welche Eigenschaften und Funktionen sich geändert haben und wie momentan Familie definiert wird. Speziell beleuchtet werden danach Charakteristika von Eltern und Einflussfaktoren auf ihre Rollen. Eine Darstellung von Leistung, die in Familien erbracht wird, folgt vor der Auflistung der Anforderungen, die aus der eingangs beschriebenen Familiensituation resultieren. Aus verschiedenen Literaturquellen konnte abgeleitet werden, dass diese Anforderungen zunehmen und zu einer Überforderung führen können. Ein dadurch entstehender Leistungsdruck wird innerhalb der Familie als Stress empfunden und wirkt sich auf die Kinder aus.

Kapitel drei soll einen Überblick über Voraussetzungen, Grundlagen und Stand von Beratung und Schulung in Deutschland schaffen. Erziehung als Aufgabe der Eltern ist gesetzlich festgelegt, ebenso wie die Grundlagen zur Unterstützung in Form von Elternschulungen und

Elternberatung. Nach einer Darstellung dieser Rahmenbedingungen, wird die, in der Bildungsgeschichte umfangreich diskutierte Frage kurz aufgegriffen, was Eltern lernen sollen. Dabei interessierte eine aktuelle, mehrheitliche Meinung der Experten dazu. Zentrale Grundbegriffe werden geklärt, bevor die Elternbildungs- und beratungslandschaft in Deutschland grob abgebildet werden.

Mit dem Hintergrund dieser Erkenntnisse werde ich im vierten Kapitel den zweiten Teil meines Themas ausarbeiten: Notwendigkeit neuer Beratungs- bzw. Schulungskonzepte. Eine Bearbeitung aus bildungswissenschaftlicher Sicht erfolgt mit den Schritten der Erfassung des aktuellen Angebots und der Frage nach dessen Qualität, Defiziten und Problemen. Ergebnisse aus Untersuchungen zum Bedarf an Elternbildung ermöglichen die Ableitung von Ansatzpunkten für die Weiterentwicklung oder Neukonzeption von Elternbildungsmaßnahmen.

Eine Notwendigkeit zur Umsetzung dieser Ansatzpunkte wird im Resümee als Ergebnis der Erkenntnisse über Leistungsdruck in den heutigen Familien und einen festgestellten Bedarf an Schulung und Beratung begründet. Mit dem Wandel der Gesellschaft geht eine notwendige Angleichung der Bildungslandschaft einher, wie dies zusammenfassend für die Elternbildung herausgestellt werden soll.

Der Fokus dieser Arbeit soll der Tatsache Rechnung tragen, dass das elterliche Erziehungsverhalten und das Familienklima wichtige Risiko- oder Schutzfaktoren für die kindliche Entwicklung sind und deshalb gefördert und bestmöglich unterstützt werden sollten.

2 Familie heute

In den letzten Jahren wird über die Familie stark diskutiert und sie scheint mehr Gewichtung und Popularität zu erfahren. Themen wie z.b. der Vaterschaftsurlaub, Kindertagesstätten und Ganztagesbetreuungen, Kindergelderhöhung, Geburtenrückgang, Alleinerziehende oder Armut in Familien tauchen in der Öffentlichkeit auf und beschäftigen Politiker.

In den Medien finden Familienthemen in allen Sparten großen Zuspruch: Zeitschriften, Bücher, Internetseiten und Fernsehproduktionen greifen das Thema Familie von verschiedenen Seiten auf. Dabei reicht die Bandbreite von wissenschaftlichen Veröffentlichungen über Trivialliteratur zu Ratgebern und „Realityshows" in vielfältigen Variationen.

„Nach dem Mikrozensus des Jahres 2007 lebten in Deutschland 12,3 Millionen Familien, wobei zu den Familien alle Lebensformen von Erwachsenen mit Kindern in einem Haushalt gezählt wurden. In 8,6 Millionen Familien war das jüngste Kind unter 18 Jahre und in 3,7 Millionen Familien mindestens 18 Jahre alt. Betrachtet man nur die Familien mit mindestens einem minderjährigen Kind, setzen diese sich aus 6,3 Millionen Ehepaaren, 675 Tausend Lebensgemeinschaften und 1,6 Millionen Alleinerziehenden zusammen", wie das Bundesinstitut für Bevölkerungsforschung (2009) ermittelte.

Definitionsversuche aus der Literatur machen deutlich, wie kompliziert es wird, sich auf einen einheitlichen Begriff von Familie zu verständigen. Klaus A. Schneewind (1994) diskutiert verschiedene Abgrenzungen zum Begriff „Familie" und kommt dann zu einer Definition, die sich gerade für Bereiche der psychologischen Erziehungsforschung anbietet und „Familien als Varianten intimer Beziehungssysteme begreift, wobei diese sowohl intra- wie auch intergenerationale Personenkonstellationen umfassen können" (S. 439). Grundmann und Hoffmeister (2009) erwähnen außerdem die „Tatsache, dass Familie einem laufendem Transformationsprozess ausgesetzt ist, ihre Struktur also permanent verändert und immer häufiger sogar eine Veränderung der Veränderung erfährt; [diese] erschwert ihre wissenschaftliche Analyse als kohärentes soziales System und stabiles Interaktions- und Beziehungsgeflecht" (S. 195). In dieser Aussage wird auf den historischen und kulturellen Wandel hingewiesen, der eine Vielfalt von Familienformen hervorgebracht hat und weitere Entwicklungen bedingen wird.

Typisch für die heutige Gesellschaft sind Konzepte, die sowohl Tschöpe- Scheffler (2005) wie auch Fuhrer (2007) benennen und im Zusammenhang mit gestiegenen Herausforderungen für Familien bringen:

- Rascher gesellschaftlicher Wandel:
  Strukturveränderungen, rasche Wissensveraltung und Schnelllebigkeit fordern umfangreiche und schnelle Anpassung.
- Individualisierung:

Entscheidungen selbst treffen zu können bedeutet auch entscheiden zu müssen – und dies in allen Alltags- und Lebenssituationen.

- Pluralisierung:
  Die Vielfalt an Werten, Lebensstilen, Formen des Zusammenlebens und der Handlungsmöglichkeiten formt eine komplexe Umwelt, die schwer einzuschätzen und zu bewältigen ist.
- Enttraditionalisierung:
  Durch die Aufhebung traditioneller Vorgaben entstehen neue Freiheiten, die, allerdings noch ohne Vorbilder und übernommene Rollenvorgaben, eigenständig aufgebaut werden können und müssen.

Fuhrer (2007) fasst das so zusammen, dass mit dem Gewinn an Handlungsspielräumen und –optionen gleichzeitig ein tendenzieller Verlust an Sicherheit und Handlungswissen durch garantierte soziale Regeln und Normen einhergeht (S. 21 - 23).

Um ein weiteres Merkmal der Familie in der heutigen Gesellschaft hervorzuheben, soll eine Beschreibung von Thomas Meyer hinzugezogen werden, die im Vergleich zu früheren historischen Phasen eine charakteristische Bedeutungszunahme von Emotionalität, Liebe und affektiver Solidarität in der modernen Kleinfamilie aufzeigt. Versachlichung und Durchrationalisierung würden dieser Familie in anderen Funktionsbereichen gegenüberstehen, was ihre Aufgabe bedingt, das Bedürfnis nach Sicherheit, Intimität und Geborgenheit zu befriedigen (Meyer 2006, S. 331).

Für diese Arbeit, die sich im Weiteren mit der Erziehung innerhalb der Familie beschäftigt, wird der Begriff „Familie" für eine Gemeinschaft von Eltern (oder einem erziehungsberechtigten Elternteil) mit ihren Kindern verwendet.

2.1 Was zeichnet Familie heute aus?

Nachfolgend werden einige Charakteristika für die Familie von heute benannt, die sich aus den oben erwähnten Konzepten für unsere Gesellschaft ergeben und Erziehungsarbeit beeinflussen und, wie später noch diskutiert wird, Anforderungen an die Eltern erhöht.

2.1.1 Wandel der Familienformen

Ausgehend von einem Familienmodell, das das „ganze Haus" umfasste, in dem Arbeit- und Wohnstätte verbunden waren, so bildete sich in der zweiten Hälfte des 18. Jahrhunderts mit gesellschaftlichen Umschichtungen und der Industrialisierung der Typus der bürgerlichen Kleinfamilie heraus, die aus einem Ehepaar mit oder ohne Kindern besteht. Dieser breitete sich in der zweiten Hälfte des 19. Jahrhunderts über alle gesellschaftliche Schichten aus. Mit der Verbesserung des Einkommens, dem Besitz langlebiger Konsumgüter und dem Ausbau der sozialen Sicherungssysteme kam es zur Etablierung des kollektiv einheitlichen, bürgerlich eingefärbten Familientyps im Verlauf des 20. Jahrhunderts, wie Meyer (2006, S. 332) ausführt.

2.1.2 Pluralität von Familienformen

Wenn auch der Familientyp der „normalen Kleinfamilie" heute noch vorherrscht (siehe Abb. 1), so lassen sich innerhalb dieser Form verschiedene Entwicklungen beobachten:

Anstieg von selbstständigen Haushaltstypen, die zuvor in andere Lebensformen eingebettet waren (Alleinerziehende, unverheiratet zusammenlebende Paare, Verwitwete)

Verschiebung der quantitativen Gewichte der verschiedenen Lebensformen

Anstieg von weiblichen Haushaltsvorständen (Mutter- Kindfamilien, alleinwohnende Frauen)

Häufiger Wechsel zwischen verschiedenen Haushaltstypen im Verlauf der Gesamtbiographie

Abb. 1: Lebens- und Familienformen in Ost- und Westdeutschland

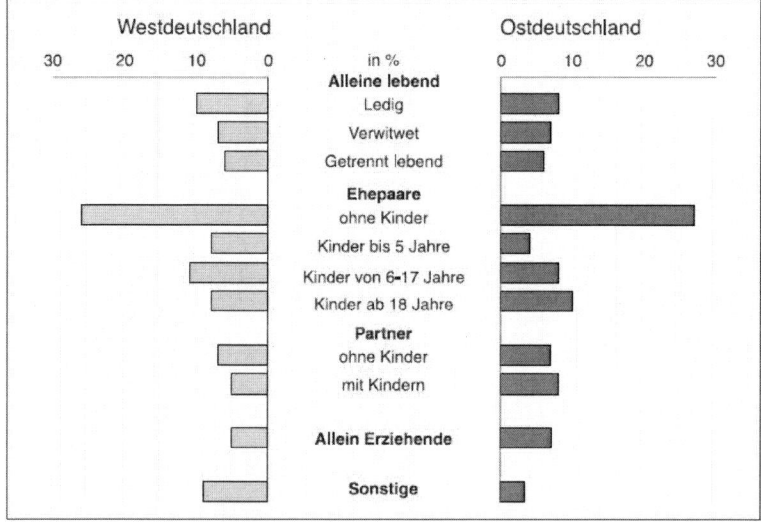

(Statistisches Bundesamt 2006)

Zusammenfassend ist weiterhin die Elternfamilie die statistisch dominante Familienform, wobei sie in Bezug auf alle Haushalte in der Bundesrepublik abgenommen hat. Einen Grund dafür sieht Nave- Herz (2007, S. 25) vor allem in den zeitlichen Veränderungen der Zyklen im Lebenslauf des Einzelnen.

2.1.3 Veränderte Familienzyklen

In der zeitlichen Strukturierung des individuellen Lebensverlaufs können in den westlichen Industriestaaten übergreifende Grundtendenzen beobachtet werden. Laufend neu untersucht werden die Lebenserwartungen, wobei die Verlängerung des Lebensalters eine Ausdehnung der nachelterlichen Phase mit sich bringt. Somit wird die große Anzahl an Ehepaaren, die die goldene Hochzeit feiern oder die vielen Urgroßeltern, die ihre Urenkel erleben zu historisch neuen Phänomenen.

Ebenso hat die vorelterliche Phase eine Ausdehnung erfahren, da das Alter der Mütter bei der Geburt des ersten Kindes gestiegen ist. Des weiterer ist ein Rückgang der Kinderanzahl pro Familie festzustellen, die nach Meyer (2006, S. 334) seit mehreren Jahren in Deutschland stabil bei ca. 1,4 Kindern pro Familie liegt.

Abb.2: Lebensphasen

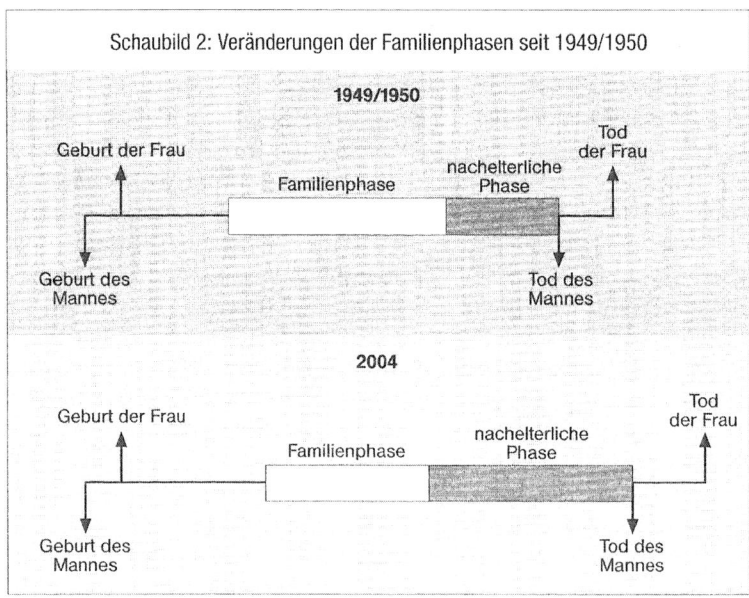

(Nave-Herz 2007, S. 26)

Werden diese Phasen verknüpft, so erkennt man eine Entwicklung, bei der sich die eigentliche Familienphase, d.h. die Zeit der Pflege und Versorgung der Kinder, noch auf ca. ein Viertel der gesamten Lebenszeit ausdehnt und somit zu einer vorübergehenden Lebensphase wird. Dies bringt vor allem eine Veränderung in das Leben der Frauen, die neben ihrer Mutter- Rolle nun für längere Lebensphasen ohne die Festzuschreibung auf diese Rolle verbringen.

2.1.4 Veränderte Familiengrößen

Zwei Entwicklungen lassen die Familiengröße in Deutschland schrumpfen: Dies ist zum einen der oben beschriebene Anstieg von selbstständigen Haushalten, die früher in die Großfamilie integriert waren (Großeltern, Alleinstehende, Witwen). Daneben wächst die Mehrzahl der Kinder heutzutage in Deutschland in Ein- oder Zwei-Kinder-Familien auf, die Zahl der Drei- und Mehr-Kinder-Familien ist sehr stark gesunken.

Abb.3: Haushalte nach Haushaltsgröße

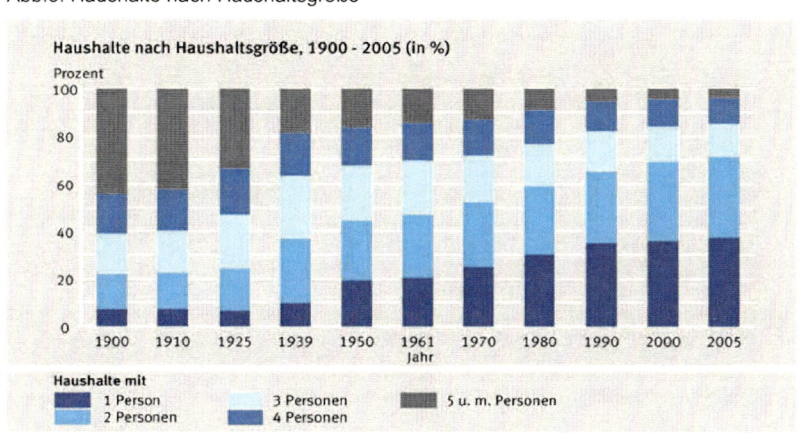

(Bundesinstitut für Bevölkerungsforschung 2009)

Nave- Herz (2007) weist auf darauf hin, dass diese quantitativen Veränderungen ebenfalls qualitative Auswirkungen auf die innerfamilialen Interaktionsbeziehungen haben, da gruppendynamische Prozesse auch durch die Gruppengröße bestimmt werden (S. 29). Auf spezifische Interaktionsstile und –formen zwischen Eltern und Kindern und einer Zunahme von bestimmten Erwartungshaltungen und Leistungsanforderungen der Eltern an sich selbst soll später noch eingegangen werden.

2.2 Wandel der Funktionen von Familie

Im Zuge der zunehmenden Trennung von Produktion und Reproduktion, von Arbeitsstätte und Wohnstätte, wurde die Familie allmählich zum Ort der Privatheit und Intimität. Davor war Familie eine Wirtschaftsgemeinschaft mit ökonomischen Erfordernissen und eine Verbindung wurde vor allem als Zweckehe eingegangen. Mit der Individualisierung besteht die Möglichkeit eine Verbindung gekoppelt mit Gefühlen und Liebe einzugehen, womit der Familie auch die Aufgabe zugeschrieben wird, emotionale Bedürfnisse zu befriedigen.

Meyer sieht diese Aufgabe der Bedürfnisbefriedigung der modernen Familie ebenso und ordnet ihr zusätzlich soziale, biologische und Reproduktionsfunktionen zu.

„Sie hat für die Regeneration und Stabilisierung ihrer Mitglieder und für die Zeugung und Pflege des Nachwuchses zu sorgen und diese in Sprache, Rollen, Normen und Werte der Gesellschaft einzuführen (Sozialisationsfunktion). Schließlich spielt die Familie eine entscheidende Rolle für den Prozess, durch den eine Person an bestimmte gesellschaftliche Positionen vermittelt wird (Platzierungsfunktion), " wie Meyer weiter ausführt (2006, S. 331).

Im Zuge der umfangreichen Forschungen zu Kindheit, Jugend und vorgeburtlichen Einflüssen, wurden Eltern vermehrt auf ihre Verantwortung für ihre Kinder hingewiesen. Schneewind (1999) legt hier nahe, dem individuellen Entwicklungsprozess im Kontext der Familie besondere Beachtung zu schenken. Durch früh einsetzende, lang andauernde, vielfältige und intensive Einflüsse, denen die nachwachsende Generation zuerst und in aller Regel innerhalb der Familie ausgesetzt sind, werden wichtige Lernerfahrungen in Gang gesetzt, die das Fundament für spätere Entwicklungen darstellen (S. 120).

Das Wissen über jene Möglichkeiten wie Kinder bestmöglich gefördert werden können, stellt umfangreiche Hilfestellungen zur Verfügung, übergibt aber den Eltern die große Verantwortung und der Familie die Funktion, Kinder mit Kulturtechniken, den notwendigen psychosozialen Profilen und den Kompetenzen auszustatten, die es ihnen ermöglichen, in unserer Welt bestmöglich zu (über-)leben.

2.3 Eltern heute

Eltern sammeln heute bestimmt immer noch einige ähnliche Erfahrungen wie Generationen von Eltern vor ihnen, wenn sie sich mit dem Übergang in die Elternschaft auf den Lebensrhythmus der Kinder einstellen müssen. Allerdings verlangt unsere schnelllebige, komplexe Welt angepasste Interaktionsmuster. Aus einem Erziehungsverhältnis wird weitgehend ein Beziehungsverhältnis, das bestimmt wird vom Verhandeln, Aushandeln und Abstimmen von Regeln innerhalb der Familie.

Im Folgenden werden einige Merkmale von Elternschaft in unserer Gesellschaft belichtet, die im Zusammenhang mit dem Thema dieser Arbeit relevant erscheinen.

2.3.1 Arbeitsteilung und Rollendifferenzierung

Nave-Herz (2007) erklärt, dass durch die sozialen Rollen „Mutter" und „Vater", einem zunächst biologischen Tatbestand, die Gesellschaft eine soziale Differenzierung erfährt, die normativ abgesichert sei (S. 38). „Die biologischen Unterschiede werden zum Anlass der Rechtfertigung dieser sozialen Differenzierung durch die Zuschreibung von Eigenschaften und Fähigkeiten ja nach Geschlecht und damit zur Legitimation der geschlechtsspezifischen Arbeitsteilung," wie sie weiter ausführt (ebs. S. 38). Diese Arbeitsteilung weist traditionell den Frauen Hausarbeit und Kindererziehung zu, was die in den letzten Jahren entstandenen Untersuchungen weiterhin belegen. Exemplarisch zeigt ein Ergebnis von Meyer (2006), dass es einen Kern von typisch weiblichen Aufgaben (Waschen, Bügeln, Kochen, Putzen) gibt, die weiterhin in 75 – 90 % der Familien von den Frauen erledigt werden (S. 318). Meyer und Nave-Herz berichten allerdings auch von einer Entwicklung der neuen Vaterrolle, in der sich eine zunehmende Orientierung und Mithilfe der Väter an der Betreuung der Kinder zeigt. Unterstützt wird diese Tendenz von der Politik, z. B. durch die neue Regelung des Elterngeldes. Im 3. Quartal 2009 lag der Anteil der Väter, die das Elterngeld nutzten bei 20,7 Prozent. Normativ bleibt jedoch die Zuordnung der Funktionen zu Vater- oder Mutterrolle weiterhin stark abgesichert.

2.3.2 Erwerbstätigkeit von Müttern

Die meisten Mütter wollen heute erwerbstätig sein und zum Familieneinkommen beitragen. Dieser Wunsch entsteht sicher nicht nur um „sich selbst zu verwirklichen", sondern viele benötigen dieses zusätzliche, bzw. bei Alleinerziehenden das einzige, Einkommen. Sie haben meist in gute Ausbildungen investiert und möchten dies auch während der Familienzeit nutzen.

Der Anteil der erwerbstätigen Mütter ist in den letzten Jahren stetig gestiegen. Eine aktuelle Beteiligung von 2008 zeigt untenstehende Grafik:

Abb.4: Anteil erwerbstätiger Mütter 2008

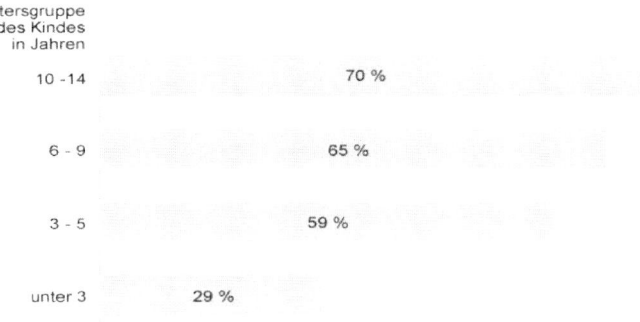

Altersgruppe
des Kindes
in Jahren

10 -14   70 %

6 - 9   65 %

3 - 5   59 %

unter 3   29 %

(Statistisches Bundesamt Deutschland. STATmagazin. Arbeitsmarkt. 04.03.2010)

Diese Daten zeigen, dass inzwischen gut 2/3 aller Mütter mit Kindern zwischen 10 und 14 Jahren erwerbstätig sind. Daten über Frauen die in Privathaushalten Schwarzarbeit leisten und Arbeitsuchende sind dabei nicht erfasst. Nach Schuster (1990) sind Mütter von bestimmten Berufs-und Karrierewegen ausgeschlossen und arbeiten oft unterhalb oder außerhalb von Normalarbeitsverhältnissen (S. 51). Nach einer Bilanz der Bundesregierung verdienen Frauen im Durchschnitt heute je Arbeitsstunde 22 % weniger als Männer (Bundesregierung, 2008).

Diese Doppelorientierung zwischen Familie und Beruf als Bestandteil des Lebensentwurfes der Frauen führt zu einer besonderen Problematik: beides zu vereinigen ist zu viel, die Reduktion auf einen Bereich zu wenig.

2.3.3 Doppelbelastung

Durch den Eintritt in die Erwerbstätigkeit zahlen viele Frauen den Preis einer Mehrfachbelastung in sozialer, psychischer und oftmals physischer Art durch Beruf, Erziehung und Haushalt. Männer zögern immer noch, Aufgabenbereiche im Haushalt oder entstandene Lücken in der Familienarbeit aufzufüllen (vgl. Hurrelmann& Bründel, 2003, S. 99). Auch wenn die Politik versucht, Betriebe für eine familienfreundliche Personalpolitik zu gewinnen, so können die Frauen in der Praxis noch kaum auf ausreichende Unterstützung in der Kinderbetreuung oder familienfreundliche Arbeitszeiten hoffen, die die Koordination von Familie und Beruf erleichtern.

Positiv beschreibt Nave-Herz (2007) zahlreiche, neuere Forschungsergebnisse, die von der eindimensionalen Betrachtungsweise abkommen, die eine Erwerbstätigkeit der Mutter ablehnt um das Zustandekommen der Bindung in der frühen Kindheit nicht zu gefährden. Relevant erscheinen inzwischen viele Einflussfaktoren im komplexen Sozialisationsprozess der Kinder: Grund der Erwerbstätigkeit der Mutter, Einstellung des Vaters dazu, Qualität der Ersatzbetreuung, mütterliche Zufriedenheit und ökonomische Situation (S. 45). Berufstätigkeit für Mütter bedeutet jedoch weiterhin eine große Belastung, die sich in ihrer mehr oder weniger positiven Bearbeitung auf die Familie und den Entwicklungsprozess der Kinder auswirkt.

2.3.4 Hohe Sinnzuschreibung Familie

Trotz gestiegener Ehescheidungszahlen weist die Forschung darauf hin, dass Partnerschaft und Elternschaft nach wie vor in der heutigen Generation sehr hohe Wertschätzung erfahren. „Familie als Lebensziel scheint an Bedeutung nicht zu verlieren", wie Vaskovics feststellt (1997, S. 26) und aus den nachstehenden Daten aus dem Jahr 2004 abzulesen ist.

Abb.5: Wichtigkeit von glücklicher Ehe, Partnerschaft und Kindern

	Westdeutschland		Ostdeutschland	
	Sehr wichtig	Wichtig	Sehr wichtig	Wichtig
	in %			
Wichtigkeit ausgewählter Lebensbereiche				
Für andere da sein im Leben	26	65	25	66
Erfolg im Beruf	21	50	23	52
Eigenes Haus im Leben	23	33	18	27
Sich selbst verwirklichen	18	51	18	55
Sich etwas leisten können	19	64	20	65
Reisen im Leben wichtig	10	35	9	33
Politischer, gesellschaftlicher Einsatz	3	24	2	21
Glückliche Ehe, Partnerschaft				
Insgesamt	64	27	61	29
Männer	64	29	60	32
Frauen	64	25	62	27
Altersgruppen				
16–30 Jahre	62	29	56	35
31–45 Jahre	72	23	66	30
46–60 Jahre	65	27	64	29
61 Jahre und älter	57	28	58	26
Kinder haben im Leben				
Insgesamt	41	36	44	37
Männer	36	38	36	40
Frauen	47	34	51	34
Altersgruppen				
16–30 Jahre	28	36	27	38
31–45 Jahre	48	30	52	30
46–60 Jahre	45	33	47	39
61 Jahre und älter	41	43	44	40

(Statistisches Bundesamt 2006)

Für über 90 % der Befragten ist eine glückliche Ehe oder Partnerschaft sehr wichtig oder wichtig, Kinder zu haben finden 78 % sehr wichtig oder wichtig. Werden nun die Gründe hinterfragt für diese Einstufung, so wird mit Familie und Kindern die Erwartung verbunden, dass dies glücklich machen soll. Nave-Herz (2007, S. 31) berichtet von einem Funktionswandel der Kinder in unserem Kulturbereich: waren sie früher Träger materieller Güter (Mithilfe im Haushalt, Alters- und Krankenversorgung, Betreuung von Geschwistern, Weiterführung von Familienvermögen, u.s.w.), so werden mit ihnen heute fast ausschließlich immaterielle Werte verbunden. Kinder sollen emotionale Bedürfnisse befriedigen, wie z.B. die von Kleinkindern ausgehende expressive Stimulation, die Freude, sie aufwachsen zu sehen, Zärtlichkeit und Nähe, Stolz auf erbrachte Leistungen u.a.m. Diese Erwartungen möchten Eltern durch die Erziehung der Kinder erreichen- was sich im Bemühen um eine partnerschaftliche Beziehung zu den Kindern widerspiegelt. Hohe Erwartungen an die Qualität der Beziehung zum Kind und in der Partnerschaft fordern großes Einfühlungsvermögen, viel Zeit und Verständnis.

2.3.5 Kindzentrierung

„Für die wenigen Kinder pro Familie heute werden wesentlich mehr Leistungen der Mütter mobilisiert wie früher, sowohl was Intensität der Beziehungen, als auch die ökonomischen Aufwendungen und den zeitlichen Umfang für die Betreuung der Kinder anbetrifft", wie Nave-Herz berichtet (2007, S. 34). Gründe dafür mögen in der geringeren Kinderanzahl pro Familie liegen, die, laut statistischem Bundesamt 2007, bei einer Geburtenziffer von 1,37 Kindern, bei ein bis zwei Kindern pro Familie in Deutschland liegt. Auf diese Kinder konzentriert sich die Betreuung der Eltern. Auch die, geschichtlich gesehen, verbesserten wirtschaftlichen Grundlagen der Familien bieten den Eltern mehr Möglichkeiten für ihre Kinder. Immer weniger Kindern wird mehr Aufmerksamkeit zuteil, sie werden zu einem kostbaren Gut im Verwandtenverband und sollen bestmöglich gefördert werden.

Die Kindzentrierung der Eltern (vornehmlich der Mutter) lenkt häufig die gesamte Liebe, Aufmerksamkeit, Hilfe und Unterstützung auf das Kind- gleichzeitig mit den Erwartungen, Wünschen und Bestrebungen der Eltern. Die partnerschaftliche Beziehung rückt dabei mehr in den Hintergrund, was zunehmend zu Konflikten der Paare führen kann.

Wenn auch Vieles an Förderung den Kindern positiv zuteilwird, kann heute der reichhaltige, in der Öffentlichkeit propagierte Umfang an Betreuung Eltern, wie auch Kinder in Stress versetzen. Es ist nur wenigen Eltern möglich, dieses hohe Leistungspotenzial zu erbringen, was ihren Druck, bestmöglich ihre Kinder zu versorgen, erhöht. Das hohe Ausmaß an Zuwendung kann den Kindern ein Gefühl der Konkurrenzlosigkeit vermitteln, gerade bei Einzelkindern. Sie wachsen in einer Erwachsenenwelt auf und haben doch ein hohes Kontaktbedürfnis zu anderen Kindern, wie Hurrelmann und Bründel (2003, S. 107) beschreiben.

2.3.6 Pädagogisierung

Die Erwartungen an eine angemessene Form der Betreuung sind gestiegen, was inzwischen vermehrt der Pädagogisierung der Kindheit zugeschrieben wird. Viele Fachgebiete der Wissenschaft liefern neue Erkenntnisse z.b. aus der Kindheits-, Erziehungs-, Hirn- und Gesundheitsforschung. Diese liefern Anleitungen für Eltern und andere Betreuer, wie Kinder bestmöglich zu fördern sind und in ihrer Entwicklung unterstützt werden können. Es gibt Möglichkeiten innerhalb der Familie, aber auch Angebote von Experten aus den vielfältigen Fachgebieten, die Eltern nutzen können. Das Angebot ist unüberschaubar: Babyschwimmen, Babymassage, Frühförderung, Sport- und Musikangebote, Ergo-, Logotherapie, Entspannungspraktiken, Fremdsprachenförderung, alle Arten von Nachhilfe und medizinischer Unterstützung, u.v.m.

Der Standard für eine angemessene Betreuung ist mit den Erkenntnissen und den dazu gehörigen Angeboten gestiegen und dieser kulturell vorgeschriebenen Norm können sich die meisten Eltern nicht entziehen. Teichert (1990, S. 64) meint hierzu allerdings:"Die pädagogischen Theorien erzeugen Angst, zu wenig Arbeit zu leisten, und diese Angst verpflichtet von neuem auf die Orientierung an pädagogischen Ratschlägen". Für diese Förderungsarbeit am Kind ist inzwischen vieles machbar und kann bei manchen Eltern zu Schuldgefühlen führen, wenn sie meinen, nicht genügend für ihr Kind tun zu können.

2.3.7 Einfluss der Medien

Dies ist ein Merkmal, das heutige Familien stark von Familien in der Vergangenheit unterscheidet: Die Nutzung von elektronische Medien und der Einzug von den entsprechenden Geräten dazu in nicht nur alle Haushalte, sondern in die einzelnen privaten Räume der Haushalte, ist immes gestiegen und steigt weiterhin. Mit dieser starken Präsenz durch verschiedene Medien und eine lange, tägliche Nutzungsdauer ist den Medien ein Einfluss auf die Familien nicht abzusprechen. Handy, Fernseher, Video, PC und Internetnutzung sind attraktive Angebote, denen Kinder und auch Eltern gern ihre Aufmerksamkeit schenken. Hofmann (2001) beschreibt, wie Familien Teile ihres Alltags gemeinsam gestalten und Fernsehen gehört als selbstverständlicher Teil des Alltags der Menschen mit dazu. Sicherlich sei das Fernsehen nicht das „neuzeitliche Lagerfeuer", vor dem sich die Familie versammelt, aber versammelte Familien nutzen es. Unter dieser Perspektive wäre ein gutes und vermutlich auch erfolgreiches Familienprogramm ein Angebot, das diese Gemeinsamkeit von Familie vor dem Fernseher nicht stören würde. Zeitlich ausgedehnter Konsum birgt das Risiko, andere Fördermöglichkeiten zu verpassen. Elterliche Erziehungskompetenz und speziell Medienkompetenz sind wichtig, um diese Nutzung sinnvoll einzugrenzen und nicht ungefiltert

Informationen und Handlungsmuster zu übernehmen. Durch Elternratgebern, Elternbildungsangebote und Familienthemen in den Medien werden viele Eltern in ihrer Funktion der Betreuung der Kinder angesprochen und erhalten Informationen und Anleitungen. Kritisch diskutiert werden diese Angebote in der Wissenschaft (vgl. z.B. Wahl& Hess, 2006).

Elterliche Medienkompetenz setzt voraus, sich über Fernsehsendungen und andere Angebote kundig machen und es erfordert einen hohen zeitlichen Aufwand um Eingrenzungen für die Kinder zu überprüfen und einzufordern.

2.4 Leistung und Leistungsdruck in der Familie

In diesem Kapitel soll die Leistung der Familien in unserer Gesellschaft betrachtet werden, wobei unter Leistung die Handlungen der Mitglieder der Familie verstanden werden, die Aufgaben und Tätigkeiten für die Gesellschaft in befriedigendem Maß erfüllen.

Interessant erscheint für diese Arbeit, was heute in der Familienarbeit geleistet wird, welche Tätigkeiten in welchem Umfang dazugehören und welchen Aufgabenbereich unsere Gesellschaft für die Familie definiert. Aufgrund der Pluralität der Familienformen ist es offensichtlich, dass Umfang und manche Aufgabenbereiche der Familienarbeit sehr variieren.

Ein Anstieg der Anforderungen wird im Weiteren aus dem oben beschriebenen Wandel abgeleitet und es wird beschrieben, wie dieser zum Leistungsdruck in der Familie führt, wenn das geforderte Maß nicht zur Zufriedenheit der Beteiligten erfüllt werden kann. Danach werden mögliche Auswirkungen auf die Entwicklung der Kinder aufgezeigt.

2.4.1 Was leisten Familien?

Familie ist Produzent gesellschaftlich relevanter Leistungen („common goods"), z.B. von Fürsorge, Bildung, Kompetenzen und Gesundheit für Kinder und Erwachsene. Hier soll Regeneration stattfinden, um im Arbeitsleben produktiv zu sein. Versorgung von Kranken und Alten und vor allem die Reproduktion der nachwachsenden Generation übernehmen zum Großteil die Familien. Als eine der wichtigsten Leistungen nennt das Deutsche Jugendinstitut (2010) – auch hinsichtlich der Dimensionen sozialer Ungleichheit –derzeit die familiale Produktion kulturellen und sozialen Kapitals. Bildung und Kompetenzen seien sowohl Voraussetzung eines gelingenden Familienlebens als auch Folge des Alltagslebens in Familie im Sinn von Lebensführungskompetenzen und Humanvermögen.

Im Bereich der Betreuung der Kinder weist das Familienhandbuch des Staatsinstituts für Frühpädagogik auf eine Entwicklung hin, die eine Leistungssteigerung der Familien in diesem Bereich aufzeigt:

„Seit Beginn der neunziger Jahre haben die Kinderbetreuungszeiten von Eltern mit Kindern unter 6 Jahren insgesamt deutlich zugenommen, in neuen Bundesländern um fast 1 1/4 Stunden am Tag auf gut sechs Stunden. Auch in den alten Bundesländern hat die Kinderbetreuungszeit von Eltern mit Kindern unter 6 Jahren um eine gute Dreiviertelstunde zugenommen, auf insgesamt 6 3/4 Stunden täglich. Die gemeinsam mit Kindern verbrachte Zeit umfasst Phasen der Kinderbetreuung als Hauptaktivität ebenso wie Kinderbetreuung als gleichzeitige Aktivität, zum Beispiel beim Einkaufen, und sonstige mit Kindern verbrachte Zeit, zum Beispiel beim gemeinsamen Abendessen."

(Familienhandbuch des Staatsinstituts für Frühpädagogik 2004)

Nave-Herz(2007, S. 33) verweist auf eine historische Analyse von Eichler, durch die er schon 1982 zu dem Ergebnis kam, dass die Technisierung des Haushalts zwar Zeitersparnis gebracht hätte, allerdings die Erziehungsaufgabe zeitintensiver geworden sei. Begründet wird dies mit den höheren Erwartungen an die Elternrolle und das Angewiesen sein der Kinder auf die Eltern wegen mangelnder Geschwister. Hinzufügen könnte man als weitere Gründe für den Anstieg der Betreuungszeiten die Entwicklung zur Kindzentrierung, fehlende Betreuungsmöglichkeiten durch andere Personen und eine Umwelt, die durch ihre Kinderfeindlichkeit einen Mehraufwand an Betreuung bedingt, wie auch Teichert dies ausführt (1990,S. 70, 71).

Interessant aus einer anderen Perspektive ist ein Blick auf Berechnungen aus den Jahren 1992 und 2001 vom Bundesministerium für Familie, Senioren, Frauen und Jugend. Die Politik berücksichtigt damit den wirtschaftlichen Faktor der Familien und zeigt mit einer Berechnung der Haushaltsproduktion eine wichtige finanzielle Leistung auf.

Abb. 6: Wert der Haushaltsproduktion und ihrer Komponenten

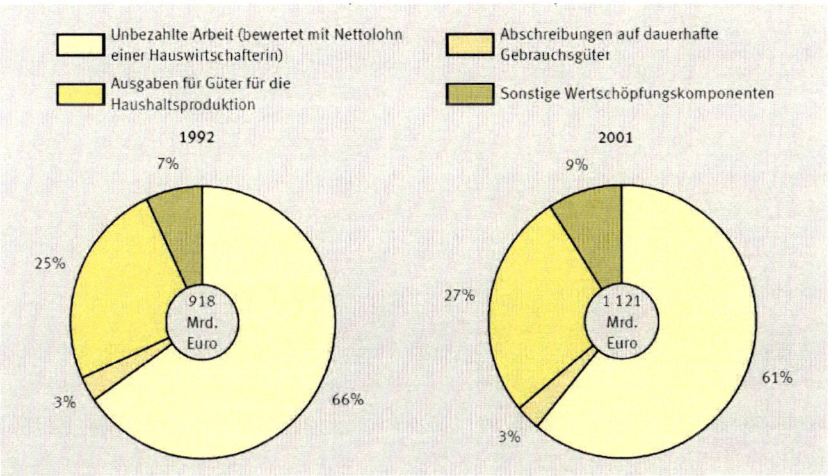

(Bundesministerium für Familie, Senioren, Frauen und Jugend 2003)

Bemerkenswert ist der große Anteil der unbezahlten Arbeit, der innerhalb Haushalten mit der Anzahl der Mitglieder steigt. Von den unbezahlten Arbeiten nimmt die „Haus- und Gartenarbeit" die weitaus meiste Zeit in Anspruch. Bei Frauen (63 %) allerdings deutlich mehr als bei Männern (46 %). Darunter sind wiederum das Kochen und Spülen (bei Frauen 24 %; bei Männern 14 %) und die Reinigung von Haus bzw. Wohnung (bei Frauen 18 %; bei Männern 15 % der Zeiten für unbezahlte Arbeit) die zeitaufwändigsten Tätigkeiten. Weiterhin gehören die Wäsche sowie die Tier- und Pflanzenpflege zur Haus- und Gartenarbeit. Auch das Einkaufen und die Haushaltsorganisation nehmen viel Zeit in Anspruch: Bei den Männern 26 %, bei den Frauen 20 %. Haus- und Gartenarbeit, Einkaufen und die Haushaltsorganisation bedeuten damit bei den Frauen 83 % und bei den Männern 71 % der unbezahlten Arbeit. Von der Zeit, die Männer insgesamt für unbezahlte Arbeit aufwenden, benötigen sie 7 % für die Betreuung und Pflege von Kindern oder erwachsenen Haushaltsmitgliedern, bei Frauen ist dies ein Anteil von 10 %, wie das Bundesministerium für Familie, Senioren, Frauen und Jugend (2003) feststellt. Um einen Überblick zu bekommen, welche Tätigkeiten darüber hinaus anfallen können und in der Familie geleistet werden, findet sich im Anhang ein Auszug aus Wikipedia mit der Auflistung vom Aufgabenbereich in der Familien- und Hausarbeit.

2.4.2 Zunehmende Anforderungen

Ausgehend vom gesellschaftlichen Wandel kann die Zunahme der Anforderungen an Familienarbeit, d. h. hauptsächlich an die Eltern, durch die Entwicklung zur Schnelllebigkeit, dem Traditionsabbruch und dem Wertepluralismus begründet werden.

Erwachsene und Kinder müssen gleichermaßen aufwendig Lebenskompetenzen erlangen um sich in einer schnell veränderten Umwelt zurechtzufinden. Dies entspricht der Forderung nach lebenslangem Lernen. Der Informationsvorsprung der Eltern kann schnell veraltetes Wissen enthalten. Ebenso bieten alte Orientierungsmuster oder Traditionen wenig Unterstützung, da durch die Individualisierungstendenz eigene Werte, Lebensstile und Strukturen festgelegt werden müssen.

2.4.2.1 Mobilitäts- und Flexibilitätsansprüche

Die Arbeitswelt fordert und empfiehlt eine Mobilität, der Familien nur mit hohem organisatorischem Aufwand nachkommen können. Ein Umzug bedeutet die Eingewöhnung in neue Strukturen und eine räumliche Trennung von Verwandten, Großeltern und Freunden kann den Verlust von Betreuungshilfen bedingen. Viele entscheiden sich, um einen Umzug zu vermeiden, für lange Arbeitswege oder eine längere Abwesenheit eines Elternteiles.

Wahl und Hees (2006, S. 131) beschreiben die Konkurrenz zwischen den Zeitrhythmen der Arbeitswelt und der Betreuung von Kindern, die ohne zusätzliche Anstrengungen kaum synchronisierbar ist.

2.4.2.2 Anstieg des Betreuungsaufwandes pro Kind durch den Rückgang der Geburten

Fehlen Geschwisterkinder oder Nachbarskinder, müssen entweder die Eltern als „Spielkamerad" einspringen oder „muss heute der Kontakt der Kinder geplant und organisiert werden", beschreibt Ribhegge (1997, S. 85); dies kann mit einem immensen Zeitaufwand verbunden sein. Ebenso steigt der Aufwand an Erziehung und Betreuung, was im Geschwisterverbund oder im Kreise mehrerer Kinder als (meist unbewusste) Aufgabe von den Größeren übernommen wird.

2.4.2.3 Demokratisierung von Familienbeziehungen

Die Wende vom Befehls-zum Verhandlungshaushalt bringt einen Verlust an klaren Regeln, Eindeutigkeiten und verbindlichen Wertorientierungen mit sich. Eltern legen großen Wert auf die Beziehung zu ihren Kindern und es gilt nicht mehr nur ein strikter Befehl seitens der Eltern, sondern wechselseitige Rücksichtnahme. Kinder äußern eigene Wünsche, Bedürfnisse und Vorstellungen; Eltern reagieren mit Erklärungen, Appellen an Einsicht und Rücksicht, Diskussionen und nochmals Diskussionen. Die Eltern müssen sich zeitaufwendig mit ihren Kindern auseinandersetzen und die Erziehungsarbeit wird mühsamer, wie Nave-Herz (2007, S. 66 - 69) schlussfolgert.

2.4.2.4 Pädagogisierung und Informationsarbeit

Die Pädagogisierung und die damit verbundenen wissenschaftlichen Erkenntnisse zur Erziehung machen Elternschaft zur permanenten Informationsarbeit. Außerdem kommt erschwerend hinzu, dass einerseits eine unübersichtliche und widersprüchliche Vielfalt an Theorien und daraus resultierenden Angeboten zu ernsten Entscheidungsproblemen führen, wie auch Schmidt- Wenzel (2008, S. 17, 18) ausführt. Eltern obliegt die Verantwortung für die Entwicklung ihrer Kinder und um die bestmöglichen Förderung ihrer Kinder gewährleisten zu können, bringen sie sich mit erheblichem zeitaufwendigem Engagement im Bildungsbereich ein. Die Phase der Kinderbetreuung streckt sich inzwischen in die Länge, da einerseits unter dem Stichwort „vorverlagerte Elternschaft" bereits während der Schwangerschaft Verantwortung für das Ungeborene erwartet wird, andrerseits durch die Verlängerung der Bildungs- und Ausbildungszeit Kinder später selbstständig werden. Leistungsanforderungen an die Eltern sind besonders im Bildungsbereich mit der Debatte über die PISA gestiegen und werden in verschiedensten Formen der Frühförderung, durch intensive Hausaufgabenbetreuung, mit

Fahrdiensten, der Ermöglichung von Nachhilfe oder einem höheren Bildungsabschluss erbracht.

Die wissenschaftlichen Qualitätsmerkmale für eine kindgerechte und entwicklungsfördernde Betreuung verlangen einen hohen Mehraufwand an Leistungen von den Eltern.

2.4.2.5 Finanzielle Mehrbelastung

Diese lassen sich an den oben erwähnten gestiegen Leistungen der Eltern ableiten:

Mehr Ausgaben für schulischen Bedarf und Nachhilfe

Mehr Ausgaben für Betreuungsangebote

Mehr Ausgaben für Frühförderung (z.B. Sport, Musik, Gesundheit)

Damit mehr Ausgaben für Fahrdienste

Nave-Herz (2002, S. 53) erwähnt weitere Kosten durch den längeren Verbleib der Kinder im Elternhaus, den zur Verfügung gestellten Wohnraum (meist ein eigenes Zimmer), Kosten des Lebensunterhalts, Taschengeld und weitere finanzielle Unterstützungsleistungen. Dabei bleibt immer zu beachten, dass Standards für den Bedarf der Kinder sehr gestiegen sind. Nicht nur ein eigenes Zimmer, auch die Ausstattung mit Möbeln und aktuellen elektronischen Medien, Freizeitangebote und ansprechende Kleidung wird angeboten und eingefordert.

Insgesamt lässt sich hier die Zunahme der Anforderungen vor allem im Bereich der Kinderbetreuung erkennen. Diese Erkenntnis soll die Grundlage für weitere Überlegungen zum Thema dieser Arbeit bilden.

2.4.3 Gefahr der Überforderung

Die gestiegenen Leistungen der Familien wirken auf den ersten Blick sehr positiv und bedeutet für viele Kinder eine Betreuung, in der sie im Mittelpunkt stehen und bestmöglich gefördert werden. Die problematische Seite liegt in der perfekten Erziehung, die viele Eltern anstreben. Ein anspruchsvolles Erziehungsideal kann zu hohen psychischen Belastungen führen, besonders wenn manche Ressourcen (z.B. Zeit oder Geld) knapp sind. Doch, wie auch Beck-Gernsheim (1990, S. 63) erwähnt, sind Eltern vom Gebot der bestmöglichen Förderung umstellt- vom Fernsehen, Zeitschriften, der Schule und der Werbung. Dies verleitet sie zu einem Hochleistungsprogramm um der Gefahr von Mangel an Förderung und damit einem Leistungsversagen seitens der Eltern zu entgehen. Nave-Herz (2007, S. 36, 76) wählt als Beispiel zur Verdeutlichung dieser Entwicklung den oftmals engen Terminplan der Kinder, den Eltern mit Fahrdiensten und Kontrolle unterstützen oder das hohe Engagement der Eltern bei der Hausaufgabenhilfe. Beide Situationen werden durch erhebliche psychische Belastungen zu einer Gefahr der Überforderung und eine primäre Quelle von Ärger für Eltern und Kinder.

Zur Lösung von Konflikten und belastenden Situationen können heutige Eltern zugleich immer weniger auf erlernte Handlungsschemata zurückgreifen und ihnen fehlen entwicklungspsychologische bzw. pädagogische Kenntnisse aus Erfahrungen im Umgang mit Kleinkindern. Altersstrukturen haben sich dahingehend gewandelt, dass Berührungen zwischen Erwachsenen und Kindern immer mehr abnehmen, da es weniger Kinder und mehr ältere Menschen gibt, wie auch von Tschöpe-Scheffler (2006, S. 29) beschrieben.

Ein weiterer gesellschaftlicher Trend vollzieht sich in der Auflösung von Traditionen, was Eltern wie auch Kindern vielfältige Optionen zur Selbstbestimmung und – verwirklichung ihrer Lebensgestaltung gibt. Fuhrer (2007, S. 23) sieht hier in der Konsequenz mit dem Gewinn an Handlungsspielräumen und –optionen gleichzeitig einen tendenziellen Verlust an Sicherheit und Handlungswissen. Gekoppelt mit der wachsenden Vielfalt an Optionen durch Technologien, Innovationen und wirtschaftlichem Wachstum, erscheint es offensichtlich, dass sich Ansprüche und Zeitaufwand für Information und Entscheidungen steigern. „Wem die Entscheidungsgrundlagen und Orientierungen fehlen, fühlt sich rasch überfordert, aus den vielen und ständig wachsenden Lebensmöglichkeiten immer wieder für sich selbst die jeweils (richtigen) auszuwählen", schlussfolgert Fuhrer (2007, S. 23).

2.4.4 Leistungsdruck und Familienstress

Aus Überforderung, Unwissenheit oder Unsicherheit kann psychischer Druck entstehen; und zwar schneller als da, wo Eltern sich ihrer Lebenssituation nicht ausgeliefert und ihrer Erziehungsaufgabe gewachsen fühlen, wie auch Tschöpe- Scheffler ausführt (2006, S. 30). Leistungsdruck kann folglich entstehen, wenn Eltern und Kinder das Gefühl haben, ihre Aufgaben nicht in befriedigendem Maße zu erfüllen. Welche Faktoren den Leistungsdruck auf die Eltern beeinflussen können, soll in der folgenden Abbildung veranschaulicht werden.

Abb.7: Faktoren, die Erziehung erschweren

(Tschöpe-Scheffler 2006, S. 22)

Diese Faktoren werden seit längerem von verschiedenen Autoren diskutiert. Beck-Gernsheim (1991, S. 61)spricht von einem Erziehungsdruck heute, der historisch seinesgleichen sucht. Durch Forschungen werden Förderungsmöglichkeiten für Kinder bekannt und diese nötigen Eltern ihre Kinder nicht mehr hinzunehmen wie sie sind, sondern möglichst alle „Mängel" oder Verzögerungen zu korrigieren. Ein Erwartungsdruck, der sowohl bei Eltern, wie auch bei den Kindern, mit der Angst zu scheitern begleitet sein kann, was auch Nave-Herz so beschreibt (2007, S. 75). Der wissenschaftliche Beirat für Familienfragen (2007, S. 13) fasst zusammen, dass gesellschaftliche Veränderungen die soziale und materielle Lebenslage von Eltern beeinträchtigen und sich negativ auf die Qualität ihrer Erziehung und das Leistungspotenzial der familialen Beziehungen auswirken. Angesichts der Fülle an Anforderungen scheint es jedoch verständlich, wenn Familien an diesem Anspruch mehr oder weniger scheitern.

Um das Phänomen des Leistungsdrucks in den Familien und den Eindruck des Scheiterns von Familienangehörigen zu konkretisieren, möchte ich den Begriff „Familienstress" als Überkategorie einführen. Bedeutungsbestimmungen hierzu gibt es in verschiedenen Forschungsansätzen und nach Perez (1997, S. 96) ist ihnen gemeinsam, dass sie „unter Stress

Beanspruchungen der Familie oder ihrer Mitglieder verstehen, deren Bewältigung die Familie bzw. ihre Mitglieder nicht ohne weiteres gewachsen sind." Er fasst die vielfältigen Arbeiten und Ansätze in drei Gruppen zusammen:

Krisenorientierte Ansätze

Diese sehen familiäre Krisen nicht nur abhängig von der objektiven Qualität von Stressoren, sondern ebenso von subjektiven Faktoren. Wichtig zur Bewältigung sind die Definition des Ereignisses sowie innere und äußere Ressourcen, die die Familie zur Verfügung hat.

Chronische- Stressoren- orientierte Ansätze

Hierbei werden dauerhafte Belastungsquellen thematisiert und nicht einzelne vorübergehende Ereignisse. Dies können z. B. beengende Wohnverhältnisse, chronische Erkrankungen oder in der Familie etablierte problematische Interaktionsstrukturen sein.

Ansätze, die Familienstress als die Auseinandersetzung mit alltäglichen Belastungen konzeptualisieren

Bei diesem Ansatz werden die Prozesse des Umgangs der Familie mit Belastungen untersucht. Es wird das gegenseitig beeinflusste Bewältigungsverhalten der Familie beobachtet und versucht, Einflussgrößen zu bestimmen, die zu positiven Auswirkungen auf den Gesundheitszustand der Familie führen.

(vgl. Perrez 1997, S. 97 - 111)

Für die Bearbeitung des Problems von Leistungsdruck innerhalb Familien erscheint es mir wichtig, Problemquellen, Ursachen und Ressourcen zur Bewältigung anhand der Forschungsansätze zu Familienstress offen zu legen. Über das Angebot von Elternbildung und Elternberatung als eine möglichen Weg zur Bearbeitung dieses Problems möchte ich später diskutieren.

2.4.5 Auswirkungen auf die Kinder

Den meisten Kindern geht es in den westlichen Gesellschaften so gut wie noch nie in der Geschichte der Kindheit Wie bereits beschrieben genießen sie eine freizügigere Erziehung mit vielen Mitspracherechten und weitgehenden Spielräumen und stehen auch materiell gut da. Aber, wie Hurrelmann und Bründel (2003, S. 7) feststellen, „eine immer größer werdende Gruppe von ihnen wächst auch mit psychischen Unsicherheiten auf, die für heutige westliche Gesellschaften und ihren offenen Zukunftshorizont typisch sind." Kinder erfahren Spannungen und Trennungen in der Partnerschaft der Eltern, leben in einer angespannten wirtschaftlichen Lage, stehen unter einem hohen schulischen Leistungsdruck und dem Erwartungsdruck der Eltern. Wahl und Hees (2006, S. 23) sehen in Situationen in den Familien vielfach die Ursache für die Entstehung von Störungen im Gefühlserleben und Verhalten der Kinder, welche sich zum Beispiel in Form von Hyperaktivität, Aggressivität, Angst und Essstörungen äußern. Auch die Schule wird als Ursache für Stress genannt (vgl. Fuhrer 2007, S. 30, 31 und Tschöpe- Scheffler 2006, S. 29) und könne schon im Grundschulalter zu Stresssymptomen führen. Dabei erscheint auch für Nave-Herz (2007, S. 77) der erschreckend hohe Umfang an Einnahme von Psychopharmaka bei den Kindern Besorgnis erregend.

Zusammenfassend sehen Hurrelmann und Bründel den Schonraum für eine altersgemäße Entwicklung, die Anregungen und Impulse für Kinder bereitstellt, im Schwinden. Die Lebenswelt der Kinder habe sich so entwickelt, dass Auswirkungen auf ihre psychische und soziale Umweltwahrnehmungen und die Verarbeitung von Realität nicht ohne Konsequenzen für die körperliche und sensorische Entwicklung bleiben. Neben einer Zunahme der chronischen körperlichen Krankheiten (z.B. Allergien, Neurodermitis, Asthma bronchiale, Adipositas oder Magersucht) spielen psychologische Auffälligkeiten heute eine große Rolle. Viele Kinder zeigen in Form von Verhaltensauffälligkeiten, dass ihnen die Bearbeitung von Problemen schwer fällt. 10 bis 12 Prozent der Kinder im Grundschulalter zeigen psychosoziale Auffälligkeiten, wie Störungen im Wahrnehmungs- und kognitiven wie Verhaltensbereich, Leistungsstörungen, AD(H)S, Lese- Rechtschreib- oder Rechenschwäche (vgl. Hurrelmann & Bründel 2003, S. 165 - 178).

Diese Entwicklung begründet auch den gestiegenen Beratungs- und Schulungsbedarf der Eltern, der in Kapitel 4 noch thematisiert wird.

2.5 Zwischenfazit

Die veränderten Formen familiären Zusammenlebens haben sehr ambivalente Auswirkungen auf die Familienmitglieder. Einerseits haben sich die Möglichkeiten der Handlungsspielräume immens vergrößert- durch neue Technologien, materiell ausgebaute Lebensgrundlagen und vor allem durch die Offenheit gegenüber unterschiedlichen Lebensentwürfen. Andrerseits sind Anforderungen an Kriterien wie Rationalität, Effizienz, Leistung, Mobilität und Flexibilität gestiegen. Diese Faktoren wirken auch auf die Bedingungen der Erziehung und stellen Eltern vor die schwierige Aufgabe zwischen unbegrenzten Möglichkeiten die bestmöglichste Entwicklungsförderung für ihre Kinder auszuwählen und dies dann perfekt umzusetzen. Für diese Aufgabe werden sie nicht geschult oder ausgebildet und können häufig nicht auf klare oder übernommene Rollenvorgaben zurückgreifen. Außerdem leben die sehr kindorientierten Familien in einer Gesellschaft die strukturell eher kinderfeindlich aufgebaut ist. Anforderungen aus der Berufswelt, Wohnsituationen, Verkehr oder Alltagsarbeiten lassen sich schwer mit dem Lebensrhythmus der Kinder und ihrer Bedürfnisse vereinbaren.

Ein solcher Zusammenprall von Anforderungen gelingt nicht immer störungsfrei und verlangt von den Eltern ein großes Maß an Vermittlungsarbeit. Ist diese Diskrepanz zu groß, steigt die Verunsicherung der Eltern und überfordert sie. Kinder sind feinfühlige soziale, kulturelle und gesundheitliche Seismografen, die auf Unzulänglichkeiten der gesellschaftlichen und familiären Lebensorganisation hinweisen. Sie leiden unter den Belastungen der Leistungsgesellschaft, die sie unvorbereitet treffen.

Folglich ist es wichtig, Familien in der Aufgabe der Betreuung ihrer Kinder zu unterstützen. Fuhrer sieht eine Möglichkeit darin, sie in „ein Bildungs-, Betreuungs- und Erziehungsnetzwerk einzubinden, dass sie in die Lage versetzt, auch unter erheblich veränderten Bedingungen gegenwärtiger Gesellschaften ihrer Verantwortung für das Aufwachsen der Kinder gerecht zu werden, ohne der Belastung eines immer weniger erfüllbaren Anspruchs ausgesetzt zu sein, alles selbst können und erledigen zu müssen." (2006, S. 135) Gegenwärtig bemüht sich die Familienpolitik mehr als eine finanzielle Alimentierung zu bieten und baut Betreuungsangebote aus und versucht familienfreundliche Unternehmenspolitik anzukurbeln. Im folgenden Kapitel sollen die aktuellen Möglichkeiten der Unterstützung von Eltern durch Schulungs- und Beratungsangebote dargestellt werden.

3 Beratungs- und Schulungsmöglich- keiten für Eltern

Das Informationsangebot für Eltern ist riesig, komplex, unüberschaubar, kontrovers disku- tiert, fast unumgänglich und Trends unterlegen, die schnell wechseln. Hier bilden sich Schnelllebigkeit, Wertepluralismus und Flexibilitätsansprüche unserer Informationsgesell- schaft ab und fordern die Kompetenz der Selektion und der persönlichen Entscheidung.

Auf dem Markt finden sich Angebote, die Eltern über ihre Aufgaben und Probleme aufklären und beraten wollen: Kurse, Trainings, Beratung, Bücher, Zeitschriften, Elternbriefe, Radio- und Fernsehsendungen, Internetangebote, Videos und CDs (vgl. Wahl, Hees, 2006, S. 19). Alle diese Angebote sind freiwillig und werden von vielen Eltern genutzt. Ein anderer Teil der Eltern bleibt diesen Angeboten fern. Der Frage, ob diese Eltern keinen Bedarf an Information haben oder ob die Schwelle zum Angebot für sie zu groß ist, wird inzwischen von Politik und Wissenschaft nachgegangen, wie z. B. in den Untersuchungen von Baum (2006) oder in der Studie zur Bestandsaufnahme und Evaluation von Angeboten im Elternbildungsbereich von Lösel im Auftrag vom Bundesministerium für Familie, Senioren, Frauen und Jugend (2006).

Innerhalb des großen Gebietes der Familienbildung soll im Rahmen dieser Arbeit Elternschu- lung und Elternberatung eingehender beschrieben werden. Thematisch behandeln Eltern- schulung wie auch Elternberatung umfangreiche Punkte, unter anderem Säuglingspflege, Kinderkrankenpflege, Paarbeziehung oder schulische Probleme. Im Blickpunkt stehen Schu- lungen und Beratungen die unter den Gesamtbegriff „elterliche Erziehung" fallen. Deshalb sollen nach den rechtlichen Rahmenbedingungen als weiterer Einstieg zu diesem Thema grundsätzliche Gedanken zum Begriff Erziehung und daraus ableitenden Erziehungszielen folgen.

Die Begrifflichkeiten in diesem großen Markt der Elterninformationsangebote sind sehr ver- wirrend und kaum in eine vollständige Auflistung und einen klaren Überblick zu bringen. Die Bestimmung einiger Begriffe und deren Zuordnung sollen anschließend jedoch einen Ein- blick und eine Zuordnung von Elternschulung und Elternberatung ermöglichen.

In diesen beiden Bereichen werden danach eingehender eine Umschreibung und die ge- schichtliche Entwicklung gegeben. Ein Blick auf Konzepte und Methoden, die aktuell sehr verbreitet sind und Ergebnisse aus Untersuchungen zu deren Nutzung sollen einen Über- blick verschaffen.

3.1 Rechtliche Rahmenbedingungen

Kinder sind die zukünftige Generation unserer Gesellschaft und die Bedeutung der Verantwortung, sie auf diese Aufgabe bestmöglich vorzubereiten, ist offensichtlich. In der Politik wird dieser Aufgabe einerseits durch die institutionelle Bildung innerhalb der Schulpflicht nachgekommen, andererseits stellt sie rechtliche Rahmenbedingungen zur Kindererziehung in der Familie zur Verfügung. So heißt es z. B. im Grundgesetz der Bundesrepublik Deutschland im Art. 6, Abs. 2:" Pflege und Erziehung der Kinder sind das natürliche Recht der Eltern und die zuvörderst ihnen obliegende Pflicht". Somit ist es Eltern zwar freigestellt ihre Erziehungsziele und den eigenen Erziehungsstil zu wählen, doch sie werden auch in die Pflicht genommen, ihre Kinder zu pflegen und zu erziehen. Vom wissenschaftlichen Beirat für Familienfragen (2005, S. 64, 65) wird beschrieben, wie der Gesetzgeber im Laufe der Zeit für die Gestaltung dieser Beziehung durchaus unterschiedliche Verfahren entwickelt und vorgegeben hat.

3.2 Erziehung als Aufgabe der Eltern

Für die familiale Erziehungssituation lässt sich gut eine Definition von Brezinka, zitiert nach Keller&Novak (1979, S. 94), heranziehen, die Erziehung als soziale Handlungen beschreibt, durch die Menschen versuchen, das Gefüge der psychischen Dispositionen anderer Menschen in irgendeiner Hinsicht dauerhaft zu verbessern oder seine als wertvoll beurteilten Komponenten zu erhalten. Somit entwickelt sich in der Interaktion zwischen Eltern und Kindern ein Prozess, der zielgerichtet von den Eltern eingeleitet wird.

Ein weitgefasstes Erziehungsverständnis nimmt auch der wissenschaftliche Beirat für Familienfragen (2005, S. 38) als Grundlage für seine Überlegungen, wenn er definiert:"Erziehung findet statt, wenn Eltern mit ihren Kindern gemeinsam in einem Haushalt zusammenleben und ihren Lebensalltag gestalten und/oder wenn Eltern (oft, aber nicht immer in pädagogischer Absicht) Lernprozesse für ihre Kinder arrangieren." Er unterscheidet im Weiteren die intentionalen Komponenten von Erziehung (im Sinne eines absichtsvollen und zielgerichteten erzieherischen Handelns) von den vielfältigen nicht auf erzieherische Wirkung bedachten Handlungsanteilen (funktionale Erziehung) (ebs. S. 38).

Obwohl oft alltäglich als intuitive Fähigkeit betrachtet, war und ist Erziehung nicht kinderleicht- was jeder bestätigen wird, der mit Kindern zusammenlebt und die Aufgabe der Erziehung übernimmt. Eine erste Orientierung jedoch bieten angeborene Programme, wie etwa das mütterliche Pflegeverhalten oder die natürliche Bindung zwischen Mutter und Kleinkind.

Richtlinien und eine umfangreiche Anleitung bot in der Vergangenheit die Nachahmung des Erziehungsverhaltens von älteren Generationen. Wie Wahl und Hees (2006, S. 18) ausführen „war die Sozialisation der Kinder also ein gleichsam natürlich- mitlaufender Bestandteil des sozialen Alltagslebens von Familien, Verwandten und Nachbarn." Mit der Modernisierung der Gesellschaft hat sich Familienerziehung in die Privatsphäre zurückgezogen und Erziehung wird zu einer „kulturellen Spezialdisziplin, die in eigenen Schulungen erlernt werden muss", wie Wahl und Hees schlussfolgern (2006, S. 18).

3.3 Was sollen Eltern lernen?

Diese Frage bedingt die Frage nach den elterlichen Erziehungszielen und muss als Grundlage dienen für die Konzeption von Elternschulungen und Elternberatung. Allerdings ist diese Frage normativ, kann diskutiert werden und wird durch kulturelle Normen und Werte beeinflusst. In der Bildungsgeschichte haben sich schon jahrtausendelang Philosophen, Theologen, Pädagogen, Fürsten und auch Politiker und Wissenschaftler Gedanken gemacht.

Momentan überwiegt in westlichen Kreisen der Konsens über einen autoritativen Erziehungsstil, ein Erziehungskonzept für das als Synonym „Freiheit in Grenzen" verwendet wird. Wie vom wissenschaftlichen Beirat für Familienfragen (2005, S. 56) erklärt wird, ist damit ein Konzept gemeint, bei dem „Eltern unter Berücksichtigung der Individualität und des Entwicklungsstandes ihrer Kinder sowohl deren Bedürfnisse nach einem liebevollen, akzeptierenden und unterstützenden Verhalten beantworten als auch an ihre Kinder Forderungen stellen sowie klare Grenzen für unerwünschtes Verhalten setzen."

Die meisten Elternschulungen und Elternberatungen in Deutschland orientieren sich an diesem Erziehungskonzept und variieren dann in ihrem Zugang zum Thema Erziehung, in der Methodik und schließlich in Aufbau und Struktur ihrer Konzepte.

3.4 Zentrale Grundbegriffe

Elternschulungen und Elternberatung werden zuerst dem Überbegriff „Familienbildung" untergeordnet. Diese soll Familien durch überwiegend bildende Angebote unterstützen, die Wissen vermitteln und die Entwicklung von Fähigkeiten, die hilfreich sind für die Erziehung, fördern. Familienbildung kann kurz definiert werden als „Bildungsarbeit zu familienrelevanten Themen, die Kompetenzen für das private Alltagsleben vermittelt. Sie verfolgt regelmäßig einen Ansatz, der direkt an den Alltagserfahrungen der Teilnehmer anknüpft", laut Lösel (2006, S. 18). Textor (2006, S. 2) unterscheidet generell in verschiedene Arten: Ehevorbereitung, Ehebildung, Elternbildung und Familienbildung (i. e. S. richtet sich diese auf die Familie als Ganzes, als System).

Als Unterstützung und zur Förderung elterlicher Erziehungskompetenzen gibt es eine gesetzliche Verankerung der Elternbildung als Soll-Leistung des Staates. Im Kinder- und Jugendhilfegesetz, insbesondere mit der Überschrift „Allgemeine Förderung der Erziehung in der Familie" wird eine Zielgruppe definiert, in der Mütter, Väter, andere Erziehungsberechtigte sowie junge Menschen genannt werden. Diese sollen mit den anzubietenden Leistungen darin unterstützt werden, ihre Erziehungsverantwortung besser wahrnehmen zu können. Unter § 16 SGB VIII Nr.1 wird Familienbildung als Teil des Leistungskatalogs der Jugendhilfe benannt, der „auf Bedürfnisse und Interessen sowie auf Erfahrungen von Familien in unterschiedlichen Lebenslagen und Erziehungssituationen eingehen" soll.

Allerdings gibt es in Deutschland keine einheitlichen Konzepte oder Vorgaben für Familienbildung in den Bundesländern, was vielleicht auch dazu geführt hat, dass in den letzten Jahren das Angebot für Elternschulungsmöglichkeiten fast unüberschaubar groß geworden ist. Innerhalb der Familienbildung stellt die Elternbildung ein Teilgebiet dar, das nach Tschöpe-Scheffler (2005, S. 9) „schon seit einiger Zeit ein großer, ziemlich unübersichtlicher, teilweise kommerzialisierter Markt der Möglichkeiten geworden" ist. „Alles, was heute im weitesten Sinn unter Elternbildung subsumiert werden kann ist ebenso verwirrend vielfältig wie die dazugehörigen Bezeichnungen: Elternarbeit, Elternwerkstatt, integrative Elternmitarbeit, Elternschulung, Elterntraining oder dialogische Begleitung,...", berichtet sie weiter.

Elternbildung spricht ausschließlich die erwachsenen Erziehungsverantwortlichen an und beinhaltet u.a. die Vermittlung von pädagogischen und entwicklungspsychologischen Kenntnissen, Auseinandersetzung mit unterschiedlichen Erziehungszielen und –praktiken sowie die Bearbeitung von Problemen mit Kindern. Elternschulung und Elternberatung kann der Elternbildung untergeordnet werden, jedoch eine klare Abgrenzung und Einordnung der Begriffe ist hier nicht möglich, da auch in wissenschaftlicher Literatur zu diesem Thema keine einheitliche Verwendung der Begriffe stattfindet.

Deshalb wird es auch im nächsten Schritt, der eine Abgrenzung von Beratung zum Ziel hat, fließende Übergänge und Überschneidungen geben. In vielen Elternschulungen werden Eltern von professionellem Personal bei individuellen Problemen „am Rande" beraten oder es wird in Beratungsgesprächen Erziehungswissen vermittelt.

Vaskovics (1996, S. 10) unterscheidet familienbezogene Bildungsarbeit von Familienberatung und –therapie hinsichtlich ihrer Adressaten sowohl auch ihrer Zielsetzung und Methode. Die von ihm aufgeführten Adressaten, Zielsetzungen und Methoden möchte ich im nächsten Teil für eine konkretere Beschreibung und Eingrenzung von Elternschulungen nutzen.

3.5 Elternschulungen

Auch wenn sich Vaskovics` Angaben auf familienbezogene Bildungsarbeit beziehen, erscheinen sie mir passend, um auch Elternkurse damit zu umschreiben. Anhand der Kategorien Adressaten, Zielsetzung und Methoden werden sie nachführend in einer Tabelle zusammengefasst:

Tabelle 1: Adressaten, Zielsetzung und Methoden von familienbezogener Bildungsarbeit

Adressaten	sind Mitglieder von Herkunfts- oder Zeugungsfamilien
	in unterschiedlichen Phasen des Familienzyklus
	unabhängig davon, ob sie sich in einer problematischen Familiensituation befinden
	werden meist nicht individuell, sondern als Gruppe angesprochen
	> insgesamt grundsätzlich offen und nicht auf bestimmte Klientel fixiert.
Zielsetzung	ist die Vermittlung von wissenschaftlich gesicherten objektiven Informationen
	Veränderung der kognitiven Struktur der Adressaten
	Verhaltensänderung zur Optimierung des Erziehungsverhaltens
	Förderung von Handlungskompetenzen im Zusammenhang mit der Erziehungssituation
	Unterstützung der Familien bei der Wahrnehmung ihrer Erziehungsaufgaben
Methoden	spezielle Methoden wurden noch nicht entwickelt
	orientieren sich an Methoden der Erwachsenenbildung
	werden in Form von Kursen vermittelt
	standardisierte Konzepte mit klarer Programmstruktur

(vgl. Vaskovics 1996, S. 10 - 12 und Bundesministerium für Familie, Senioren, Frauen und Jugend 2006, S. 20)

Da wie oben erwähnt, die Begrifflichkeiten in der Familienbildung nicht durchgängig gleich verwendet werden, gibt es eine Reihe von Wörtern, die hier synonym zur Elternschulung verwendet werden: Elternkurse, Erziehungskurse oder z.T. elternbezogene Bildungsarbeit. Klare Abgrenzungen können schwer gezogen werden (und werden auch in der Literatur oder gesetzlichen Vorgaben nicht gemacht), jedoch sollen weitere Charakteristika die Abgrenzung, die für diese Arbeit vorgenommen wurde, verdeutlichen.

Abb.8: Charakteristika von Elternbildungen innerhalb Schulungen oder Kursen

Es ist eine Präventionsmaßnahme mit pädagogisch-psychosozialer Ausrichtung. Es werden primär die Eltern bzw. die gesamte Familie angesprochen Die Maßnahme soll die Erziehungskompetenz in Familien stärken, sei es direkt (z. B. Training zur positiven Erziehung) oder indirekt (z. B. durch die Förderung von Alltagskompetenzen). — Sie hat einen Kurs- oder Projektcharakter (d. h. keine reine Einzelfallhilfe oder Therapie, wohl aber Programme mit individualisierten Komponenten wie Hausbesuchsprogramme oder Konfliktlösetrainings).

(Bundesministerium für Familie, Senioren, Frauen und Jugend 2006, S. 23, 24)

In den weiteren Ausführungen wurden viele Daten und Ergebnisse der Bestandsaufnahme und Evaluation von Angeboten im Elternbildungsbereich verwendet. Diese Studie wurde 2006 im Auftrag des Bundesministeriums für Familie, Senioren, Frauen und Jugend herausgegeben und wurde von Prof. Dr. Friedrich Lösel geleitet.

3.5.1 Übersicht und Daten zu aktuellen Elternschulungen

Das große und nicht klar abgegrenzte Feld der Elternschulungen lässt sich nicht in genauen Zahlen darstellen. Eine Tendenz gibt ein Vergleich: „Im Jahr 2003 weisen die Bundesarbeitsgemeinschaften 193581 Veranstaltungen, Kurse, Veranstaltungsreihen mit 3,344 Mill. Unterrichtsstunden aus. Der Vergleich zu den Leistungen vor 10 Jahren, im Jahr 1993, zeigt einen Rückgang der Veranstaltungen um 10,2 %, aber zugleich eine Zunahme der durchgeführten Unterrichtsstunden um 19,2 %." (Bundesministerium für Familie, Senioren, Frauen und Jugend 2010).

Obwohl von einem Rückgang der Anzahl von Veranstaltungen berichtet wird, lässt allerdings eine gleichzeitige Zunahme der Unterrichtsstunden auf längere, unterrichtsstundenreichere Angebote schließen. Bei diesen Erhebungen fehlen Angebote von privaten und kommerziellen Anbietern.

3.5.1.1 Anbieter

Neben den Familienbildungsstätten als klassischen Anbietern solcher Maßnahmen finden sich entsprechende Angebote - wenn auch in geringerem Umfang - im Rahmen der allgemeinen Erwachsenenbildungseinrichtungen, Familien-, Erziehungs- und anderen Beratungsstellen sowie nicht-institutionellen Initiativen.

Nachstehend eine Auflistung der wichtigsten institutionellen Anbieter von Elternschulungsmaßnahmen:

- Arbeiterwohlfahrt Bundesverband e.V.www.awo.org
- Bundesarbeitsgemeinschaft Evangelischer Familien-Bildungsstätten e.V.
  www.bagfamilie.de
- Bundesarbeitsgemeinschaft Familienbildung & Beratung e.V. (AGEF)
  www.familienbildung.de
- Bundesarbeitsgemeinschaft Katholischer Familienbildungsstätten
  www.familienbildung-deutschland.de
- Arbeitsgemeinschaft für katholische Familienbildung e.V.
  www.akf-bonn.de
- Paritätisches Bildungswerk - Bundesverband
  www.bildungswerk.paritaet.org
- Deutsches Rotes Kreuz
  www.drk.de
- Deutsche Evangelische Arbeitsgemeinschaft für Erwachsenenbildung e.V.
  www.deae.de

(vgl. http://www.bmfsfj.de/BMFSFJ/familie,did=26414.html, abgerufen am 26.01.2009)

Einen starken Zuwachs gibt es auch im Online-Angebot (z.B. das Elterntraining im Online-Familienhandbuch, URL abgerufen am 27.01.2010:

http://www.familienhandbuch/de/cmain/f_Fachbeitrag/a_Familienbildung/s_2593.html).

3.5.1.2 Themenbereich

In Elternschulungen werden Themen und Maßnahmenbereich explizit dargestellt und größtenteils vorab festgelegt; neben Erziehungszielen und –einstellungen, Grenzen, Nein-Sagen und Konsequenzen, Belohnung und Bestrafung sind dies Erläuterungen zu den Grundbedürfnissen von Kind und Eltern. Desweiteren konzentrieren sich viele Schulungen auf die innerfamiläre Kommunikation (z. B. aktives Zuhören, Umgang mit innerfamiliären Konflikten) und selbstbezogenen Inhalten (z. B. Selbstwert, Selbstwahrnehmung und Zukunftspläne).

In der Studie von Lösel (2006) wurden die Ziele (Top 5) der Maßnahmen abgefragt und dabei ergab sich für Erziehungskurse folgende Rangliste:

Abb.9: Ziele von Elternbildungskursen

Förderung von Erziehungskompetenzen	90.2 %
Problem/Konfliktbewältigung	78.1 %
Kommunikationsverhalten	75.5 %
Wissen über kindliche Entwicklung	72.2 %
Selbstreflexion	67.3 %

(Lösel 2006, S. 59).

3.5.1.3 Konzepte

Die meisten Elternschulungen arbeiten anhand von Konzepten, die ihre Grundlagen in verschiedenen Theorien haben und mit unterschiedlichen Ansätzen entwickelt wurden. Wie Textor (2005, S. 5) beschreibt wird zumeist ein erfahrungs- und situationsbezogener Ansatz praktiziert, der möglichst nahe an Alltagserfahrungen sowie an Situationen, Erwartungen und Bedürfnissen der Teilnehmer anknüpft. Hierbei kann durch den persönlichen Bezug größeres Interesse geweckt werden, was wiederrum die Motivation für mehr Engagement und Handlungsbereitschaft bei den Teilnehmern zur Folge hat.

Ebenso motivationsfördernd ist eine prozessorientierte Vorgehensweise, die Gruppendynamik, Fragen und Wünsche der Teilnehmer und deren Entwicklung beachtet. Hierbei können sich Teilnehmer mit ihren Erfahrungen, Erkenntnissen und Schwierigkeiten einbringen und im Dialog austauschen. Das Gesprächsergebnis wird somit gemeinsam produziert und auch die individuellen Ergebnisse der Teilnehmer basieren auf ihren jeweiligen neuen Erkenntnissen. Vorträge (dementsprechend ein Frontalunterricht) gilt heutzutage nur noch in Ausnahmefällen als eine angemessene Form der Bildung.

Diese Ergebnisorientierung entspricht den Wünschen der Eltern, deren Interesse konkreten Lösungen, Strategien Fertigkeiten und persönlichen Handlungsmöglichkeiten gilt.

Eine kritische Übersicht aktueller Konzepte der Elternbildung liefert Tschöpe-Scheffler (2005), die in ihrer Auflistung ausgewählte Konzepte ausführlicher beschreibt und anhand von Kategorien und der von ihr aufgestellten Qualitätsanfragen miteinander vergleicht.

Abbildung 3 zeigt die „Top 5" der am häufigsten genannten Kurskonzepte für Erziehungskurse.

Abb.10: Top 5 der am häufigsten verwendeten Kurs- und Gruppenkonzepte

Erziehungskurse (n = 302)

Übernahme veröffentlichter Konzepte	
mit Modifikationen	14.9 %
direkte Übernahme	45.0 %
davon:	
Starke Eltern – Starke Kinder	52.5 %
Triple P	18.2 %
KESS erziehen	6.6 %
Gordon-Training	5.5 %
Familienteam	1.7 %

(Lösel 2006, S. 60, 61)

Die Leiter von Erziehungskursen nutzten vor allem klientenzentrierte, humanistisch orientierte Programme („Starke Eltern – Starke Kinder",Gordon-Training), gefolgt vom lerntheoretisch orientierten Programm „Triple P" und dem eher tiefenpsychologisch ausgerichteten „KESS erziehen".

3.5.1.4 Verwendete Methoden

Für Elternschulungen werden Methoden meist aus der Erwachsenenbildung und der sozialpädagogischen Arbeit übernommen. Geeignete Methoden zur Zielerreichung in der familienbezogenen Bildungsarbeit wurden aus der Sicht von Vaskovics (1996, S. 12, 13) noch nicht entwickelt, theoretisch begründet und wissenschaftlich evaluiert.

Die Methoden in der didaktischen Gestaltung, die verwendet wurden um die jeweiligen Inhalte zu vermitteln, wurden ebenso in der Studie von Lösel evaluiert.

Abb.11: Ausmaß verschiedener Methoden nach Art der Maßnahmen

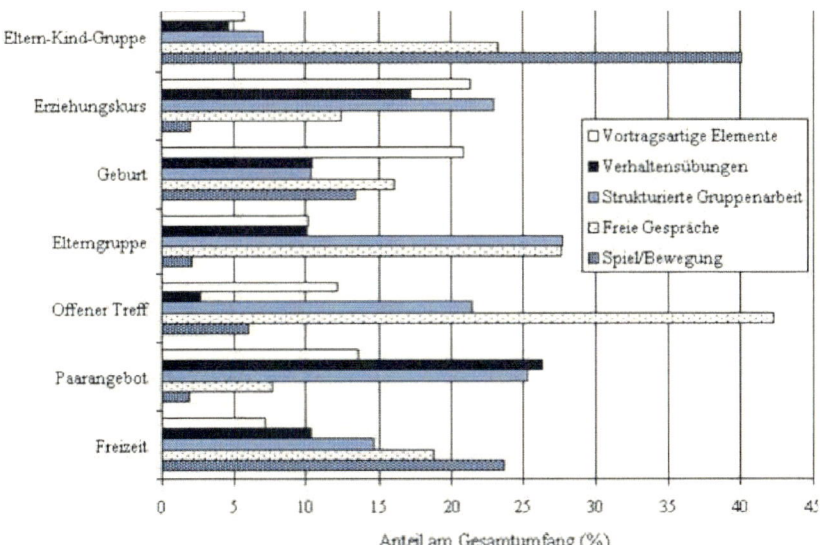

(Lösel 2006, S.70)

Diese Ergebnisse zeigen, dass in den Erziehungskursen Verhaltensübungen, Gruppenarbeit und Vorträge zentrale Elemente darstellen. Spezifisch für die Erziehungskurse waren die Hausaufgaben, die ausschließlich hier gegeben wurden.

3.5.1.5 Qualifikation der Kursleiter

Eingangs war die Rede davon, dass für den Arbeits- und Kompetenzbereich „Erziehung in der Familie" keine Qualifikationen oder Ausbildungen angeboten werden. Hier stellen wir die Frage, welche Qualifikationen die Kursleiter haben, die Elternschulungen anbieten.

Die Studie von Lösel (2006, S. 71, 72) zu den Angeboten im Elternbildungsbereich zeigt auf, dass in Erziehungskursen die Kursleiter relativ häufig psychologisch- therapeutische Ausbildungen haben. Die Hälfte von ihnen gab an, eine spezielle Kursleiterausbildung für ihre Maßnahme durchlaufen zu haben.

Allerdings bemängelt Vaskovics (1996, S. 14), dass „es keine professionelle Organisation zur Sicherstellung von Mindeststandard der Ausbildung und Lizensierung dieser Tätigkeit gibt. Neben der Erwachsenenbildung gibt es in Deutschland noch keine durch Studienordnungen festgelegte Spezialisierung für die familienbezogene Bildungsarbeit. In der Schweiz wird derzeit eine Ausbildung zur Elternbildnerin angeboten (siehe URL, abgerufen am 5.4.2010: http://www.elternbildung.ch/page.asp? DH=46) und auch in Österreich hat das Bundesministerium für Gesundheit, Familie und Jugend ein Curriculum zu Ausbildungslehrgängen von Elternbildner/innen herausgegeben (URL, abgerufen am 5.4.2010: http://www.eltern-bildung.at/eb/download/internerbereich/Curriculum_fuer_ Ausbildungslehrgaenge_fuer_Elternbildnerinnen_Stand_1_Juli_2008.pdf).

3.5.1.6 Ort und Dauer der Maßnahmen

Elternschulungen finden meist in den Familienbildungsstätten oder den Bildungs- und Beratungseinrichtungen statt, die die Schulungen anbieten. Selten werden Schulungen an anderen alltagsnahen Orten, z.B. Kindergärten oder Schulen, durchgeführt.

Anzahl und Dauer der Schulungseinheiten variieren zwischen den verschiedenen Konzepten; allerdings sind es immer geschlossene Formate mit einer vorgegebenen Anzahl von Terminen.

3.5.1.7 Zu den Teilnehmern:

Die meisten Eltern erfahren von den Elternschulungen durch Plakate, Anzeigen oder indem sie von anderen darauf aufmerksam gemacht wurden. Dies entspricht einer passiven Ansprache und baut auf einer „Komm- Struktur" auf. Wie auch die Online-Angebote setzten diese Angebote ein hohes Maß an Motivation seitens der Eltern voraus. Obwohl auf diese Weise die Zusammensetzung der Gruppe völlig offen bleibt, stimmen die Eltern doch in ihrem Interesse für Erziehungsfragen überein.

Erziehungskurse mit besonderen Zielgruppen richteten sich relativ häufig an Pflege- bzw. Adoptivfamilien (wohl auch aufgrund verpflichtender „Pflegeelternseminare"). Auf die Möglichkeit einer Elternbildungsmaßnahme angesprochen werden insbesondere Familien, bei denen hauptsächlich externalisierende Verhaltensprobleme auf Seiten der Kinder festzustellen sind.

Der Hauptanteil der Teilnehmer ist weiblich- die Zahl der teilnehmenden Väter beträgt gerade einmal 17 %; wobei verstärkt versucht wird gerade diese mit einzubinden.

Obwohl ebenso ein Augenmerk der Elternbildung auf der Förderung sozial schwacher Familien liegt, beläuft sich deren Anteil in Elternschulungen auf 15 % (vgl. Lösel 2006, S. 69).

3.5.2 Wirksamkeit der Maßnahme

Die Wirksamkeit und die Effekte der Elternbildungsmaßnahmen wurden bisher kaum empirisch überprüft oder nachgewiesen. Auch Ergebnisse, die vorliegen, können oftmals aufgrund methodischer Probleme nicht nachgemessen werden, wie auch Wahl und Hees bemängeln (2006, S. 111).

Wenngleich keine systematische Wirksamkeitsprüfung erfolgt war, so wurden in der Bestandsaufnahme und Evaluation von Lösel die Kursleiter nach ihrem subjektiven Eindruck befragt, ob die Maßnahme die gesteckten Ziele bei den Teilnehmern erreichte. Dieser Eindruck war erwartungsgemäß sehr positiv. Interessant ist die nachfolgende Auflistung der Merkmale von Teilnehmern und Maßnahme, die den befragten Kursleitern erfolgsrelevant erscheinen.

Abb. 12: "Top 5" erfolgsrelevanter Merkmale von Maßnahme und Teilnehmern

	n	%
Merkmale erfolgreicher Teilnehmer (N = 792)		
Offenheit und Neugier	530	66.9 %
Reflexionsvermögen	154	19.4 %
Soziale Kompetenz	81	10.2 %
Zuverlässigkeit	76	9.6 %
Engagement	61	7.7 %
Erfolgsrelevante Merkmale der Maßnahme (N = 991)		
Austausch, Unterstützung	243	24.5 %
Kompetenz des Kursleiters	143	14.4 %
Organisatorischer Rahmen	135	13.6 %
Selbstvertrauen stärken, Ressourcenaktivierung	95	9.6 %
Niederschwelligkeit	84	8.5 %

(Lösel 2006, S. 109)

Insgesamt ergibt sich ein Bild eines an neuen Erfahrungen interessierten Teilnehmers, der sich engagiert und konsequent an der jeweiligen Maßnahme beteiligt und Mindestvoraussetzungen an intellektuellen und sozialen Kompetenzen mitbringt.

Bei den Merkmalen der Maßnahmen zeigten sich als wichtige Aspekte der Austausch mit anderen Teilnehmern, aber auch die Kompetenz des Kursleiters oder organisatorische Bedingungen (z. B. festgelegte Dauer, Regelmäßigkeit des Angebots). Insgesamt scheinen jedoch vor allem solche Faktoren relevant zu sein, die eine angstfreie, leicht zugängliche Umgebung schaffen und an den Kompetenzen der Teilnehmer ansetzen und diese zu erweitern bzw. auszuschöpfen versuchen.

Speziell in Erziehungskursen sehen die Kursleiter als weiteres wichtiges Merkmal für die Teilnehmer eine angebotene Verhaltensorientierung und die Gelegenheit zur Selbsterfahrung, berichtet Lösel (2006, S. 112).

3.6 Elternberatung

Zu Beginn des Abschnitts über Eltern- (bzw. hier auch Erziehungs-) beratung soll eine allgemeine definitorische Bestimmung zu Beratung erfolgen. Nicht ganz einfach erscheint die Abgrenzung der Beratung von der Psychotherapie, da die überwiegende Anzahl theoretischer Ansätze zur Beratung psychotherapeutischen Verfahren entstammen.

Nach Rechtien (2006, S. 15) ist Beratung „ein zwischenmenschlicher Prozess (Interaktion) in welchem eine Person (der Ratsuchende oder Klient) in und durch die Interaktion mit einer anderen Person (dem Berater) mehr Klarheit über eigene Probleme und deren Bewältigungsmöglichkeiten gewinnt. Ihr Ziel ist die Förderung von Problemlösekompetenz."

Für die Abgrenzung zur Therapie nennt er mehrere Kriterien:

„Die Beratung tendiert eher als Psychotherapie dahin, sich auf instrumentelles Verhalten, auf Rollenprobleme, auf spezifische Situationen, auf zu treffende Entscheidungen, auf Handlungen, die auszuführen sind, zu beziehen. Die Ziele der Beratung sind begrenzter (was nicht „weniger wichtig" bedeutet) als die der Therapie. Berater haben in der Regel eine andere, weniger lang dauernde und weniger Grundlagen betreffende Ausbildung. Gegenstand der Interaktion in der Beratung ist eher das Gegenwärtige als das Vergangene, als die Geschichte des Problems. Berater haben es in erster Linie mit sogenannten „Normalen" zu tun" (ebs. S. 29).

Diese Kriterien schaffen in dieser Arbeit einen Rahmen, in dem Elternberatung behandelt und betrachtet werden soll. So wird hier von Elternberatung gesprochen, wenn die Beratung sich auf ein spezifisches Problem in der Erziehung bezieht und die Klienten mit Hilfe des Beraters subjektive Problemlösungen eigenständig erarbeiten.

Die Anfänge institutioneller Beratung werden von verschiedenen Autoren auf den Beginn des 20.Jahrhunderts datiert, wo z.B. im Jahr 1903 die erste Gründung einer Erziehungsberatungsstelle notiert wird (vgl. Hundsalz 2003, S. 16 oder Wahl&Hees 2006, S. 59).

Heute bildet das Kinder- und Jugendhilfegesetz die zentrale rechtliche Grundlage der Arbeit in Erziehungsberatungsstellen. Es beschreibt in § 27 und § 28 KJHG verhältnismäßig präzise die Tätigkeit in Beratungsstellen:

Erziehungs- und Familienberatung ist eine Leistung der Jugendhilfe. Ihre Aufgabe ist es, „Hilfe zur Erziehung"(§ 27 KJHG) zu leisten, um eine dem Wohl des Kindes entsprechende Erziehung sicherzustellen. Normativ bestimmt das Kinder- und Jugendhilfegesetz „Kinder, Jugendliche, Eltern und andere Erziehungsberechtigte bei der Klärung und Bewältigung individueller und familienbezogener Probleme und der zugrunde liegenden Faktoren, bei der

Lösung von Erziehungsfragen sowie bei Trennung und Scheidung zu unterstützen"(§ 28 KJHG).

Um die Hemmschwelle für eine Erziehungsberatung niedrig zu halten, ist die Inanspruchnahme kostenfrei und freiwillig. Ebenso wichtig für die Eltern ist der Schutz von personenbezogenen Daten, der ihnen in der Beratung garantiert wird.

Beratungsstellen gibt es bundesweit institutionell eingebettet in die Lebenswelt der Menschen. Kontakte schaffen oft Jugendämter, Schulen, Kindergärten oder Horte. Inzwischen gibt es auch in der Elternberatung ein breites Angebot im Internet, in dem sich die Möglichkeit der Einzelberatung durch Experten, Austausch im Gruppenchat oder im Forum bietet (z.B. unter URL: https://www.bke-beratung.de/User/). Notwendige Grundlagen für die Internetberatung sind die technischen Voraussetzungen und Medienkompetenz im Umgang mit PC und Internet. Außerdem muss hier auf jeden Fall die Seriosität der Angebote überprüft werden, damit Kostenfreiheit und Datenschutz gewährleistet bleiben.

In der direkten wie auch der Internetberatung fördert eine vertrauensvolle Beziehung zwischen Eltern und Berater den produktiven Prozess der Problembearbeitung. Blickt man hier auf die Qualifikationen der Berater, so zeigt sich, dass diese häufig aus psychotherapeutischen Aus- und Weiterbildungen stammen, hier weniger aus dem Bereich der Erwachsenenbildung. Die Bundeskonferenz für Erziehungsberatung erhebt regelmäßig den Stand des personellen Ausbaus der Erziehungs- und Familienberatung in Deutschland. In den ausgewählten Ergebnissen der letzten Erhebung von 2003 zeigte sich, dass jede zweite Beratungsfachkraft (46 %) zur Fachrichtung Psychologie zählt; jede dritte zur Sozialarbeit/Sozialpädagogik. Daneben sind Dipl.-Pädagogen (7,5 %) und Heilpädagogen (5,0 %) im relevanten Anteil vertreten. Die früher zum Fachteam zählenden analytischen Kinder- und Jugendlichenpsychotherapeuten (1,7 %) und Ärzte (0,5 %) sind in der Erziehungsberatung kaum noch vertreten (Bundeskonferenz für Erziehungsberatung 2003).

Richtet man den Blick auf die methodischen Konzeptionen der Beratungen, so haben sich nach Hundsalz (2003, S. 24) die Anfänge der Beratung tiefenpsychologisch orientiert, heutzutage würde ein familientherapeutisch- systemischer Ansatz überwiegen.

Die Gesamtzahl der Eltern, die in Deutschland pro Jahr eine Erziehungs- und Familienberatung in Anspruch nehmen, steigt seit Jahren kontinuierlich an:

Waren es 1991 noch 131.877 Beratungsfälle, so hat sich diese Zahl bis 2003 mehr als verdoppelt mit 268.276 Fällen (Statistisches Bundesamt 2004; Abb. 9). Bis 2007 stieg diese Zahl nochmals auf 295.035 Beratungsfälle an (ebs. 2007,Tab. 5.2a).

Unterrepräsentiert sind, laut Wahl und Hees (2006, S. 64) unter den beendeten Fällen 2003 mit nur 7 % Eltern, die nicht die deutsche Staatsangehörigkeit haben.

3.6.1 Beratungsanlässe

Teilnehmer von Elternschulungen haben, wie oben beschrieben, Fragen und Informationsbedarf zu Erziehungsthemen. Eltern, die Beratungsstellen aufsuchen, kommen mit konkreten, persönlichen Problemkonstellationen in ihrer Familie und erhoffen sich dafür Hilfe und unterstützende Handlungsoptionen.

Welche Themen den Eltern hauptsächlich Anlass geben eine Beratung aufzusuchen und zu beenden, zeigt untenstehende Tabelle:

Tabelle 2: Beratungsanlässe 2003 für beendete Beratungen in Deutschland

Beratungsanlass	Prozentual von allen Beratungen
Beziehungsprobleme	39,8 %
Entwicklungsauffälligkeiten	27,8 %
Schul- /Ausbildungsprobleme	26,7 %
Trennung /Scheidung der Eltern	24,4 %
Sonstige Probleme in der Familie	19,1 %

(Statistisches Bundesamt 2003)

Die Beratungsanlässe, die innerhalb einer Kategorie zusammengefasst sind, können sehr vielfältig sein und beschränken sich oftmals nicht auf das angemeldete Problem, sondern umfassen auch lebensweltliche Lebensschwierigkeiten, Kommunikations- oder Interaktionsprobleme der Familienmitglieder und das gesamte Familiensystem.

3.6.2 Elterliche Erwartungen und Zufriedenheit

Wahl und Hees (2006, S. 67) berichten von konkreten Erwartungen und auch Befürchtungen der Eltern, wenn sie zu einem Beratungstermin kommen – relativ unabhängig von ihren soziodemographischen oder problembezogenen Merkmalen, wie etwa Alter, Beruf oder Beratungsanlass. Dabei deckt sich häufig der Wunsch der Eltern nach einem Expertenrat, am besten mit genauen Handlungsanleitungen (wie das z. B. in Fernsehsendungen wie „Super Nanny" oder Trainingsprogrammen für Eltern geboten wird), nicht mit der therapeutischen Grundausrichtung der Beratung, die die Klienten zu mehr Selbsterkenntnis und Eigenaktivität ermutigen möchte.

Trotz dieser Differenzen berichten Wahl und Hees weiter, dass in Nachbefragungen „in der Regel 70 – 80 % der Eltern mit der Beratung in hohem Maße zufrieden sind" (ebs.

S. 70).Positive Veränderungseffekte sehen sie in der Entschärfung der Probleme, die zur Beratung geführt haben, einer emotionalen Entlastung oder Entspannung in den familialen Beziehungen (ebs. S. 70).

3.7 Zwischenfazit

Der hier geleistete Abriss von Elternschulungsmaßnahmen erhebt nicht annähernd den Anspruch auf Vollständigkeit und stellt lediglich einen kleinen Ausschnitt des immer größer werdenden Markts der Elternbildung dar.

Wie eingangs formuliert, ist die Elternbildungslandschaft gegenwärtig ein riesiges und auf den Bedarf von Müttern und Vätern unterschiedlicher Generationen, Lebenslagen und Interessen ausgerichtetes Areal. Mit der Feststellung dieser Tatsache wird gleichwohl eine Schwachstelle der Elternbildung deutlich, nämlich ihre zunehmende Unübersichtlichkeit und mithin die Schwierigkeit vieler Eltern, sich in diesem Dschungel zu recht zu finden. Daher stellt sich die Anforderung, dass Eltern selbst herausfinden müssen, was am besten zu ihnen und ihrer Familie passt. Für die Beratung besteht derselbe Auswahlzwang, da es auch hier meist viele Berater im Umfeld der Familien gibt. Eltern werden oft über institutionelle Anlaufstellen dahin weitervermittelt und haben zunächst keinen Einblick in Beratungsansätze und Ablauf der Beratung.

Fuhrer (2007, S. 298) nennt einige Kriterien, die bei der Wahl der Elternschulungen und -beratung zu beachten sind:

- Es sollten Elemente der Selbstreflexion und Selbstentwicklung für die Eltern enthalten sein.

- Elternschulungen sollten durch wissenschaftliche Begleitstudien geprüft sein.

- Schulungen sollten in Elterngruppen stattfinden.

- Schulung und Beratung sollte von professionellem Personal geleitet werden.

Für Angebote im Internet ergeben sich Vorteile durch den einfachen Zugang (z. B. keine Anfahrt, keine Kinderbetreuung notwendig), mehr Anonymität und zeitliche Ungebundenheit, wobei auf die Seriosität des Angebotes zu achten ist. Umsetzen lässt sich diese Art der Unterstützung nur von Eltern mit genügend Medienkompetenz und elektronischer Ausstattung.

Der Kontakt vor Ort stellt einen persönlichen (im günstigsten Fall) positiven Kontakt zum Berater oder dem Schulungspersonal her. Diese verfügen über bessere Kenntnisse der Strukturen und weiterer Unterstützungsmöglichkeiten vor Ort.

Als allgemeines Ziel der Familienbildung kann die Unterstützung von Familien durch über-wiegend bildende Angebote bezeichnet werden, die zu einer erfolgreichen Familienerzie-hung beitragen, eine bedürfnisorientierte Gestaltung des Familienlebens erleichtern, ein möglichst problemloses Durchlaufen des Lebens- und Familienzyklus ermöglichen sowie zur Nutzung von Chancen für die gemeinsame positive Weiterentwicklung und ein partnerschaft-liches Miteinander anhalten. Lebensentwürfe der Partner, ihre Definition der Familienrollen (insbesondere hinsichtlich der Arbeitsteilung und der Machtverhältnisse), ihre Erziehungs-vorstellungen und -stile sollen diskutiert werden. Die Beratung hat ähnliche Ziele, kon-zentriert sich vordringlich zunächst auf die Bewältigung aktueller Problemlagen.

Bei allen Unterschieden im Ansatz sind Elternschulungen und -beratung die Stärkung der Erziehungsautorität der Eltern, der positive Blick auf das Kind, der Respekt voreinander und die Verbesserung der Eltern-Kind-Beziehung und –interaktion ein gemeinsames Anliegen.

Nach dieser aktuellen Bestandsbeschreibung soll im nächsten Kapitel der Frage nach der Notwendigkeit von neuen Konzepten nachgegangen werden.

4 Zur Notwendigkeit neuer Beratungs- und Schulungskonzepte

Der steigende Leistungsdruck auf Eltern in der Erziehung und die Auswirkungen auf die Kinder wurde im zweiten Kapitel dieser Arbeit dargestellt, was die Frage nach bedarfsgerechter Elternunterstützung aufwirft. Können die aktuelle Elternbildungslandschaft und die Elternberatung diesem Bedarf gerecht werden? Anschließend soll dieser Frage nachgegangen werden und darüber hinaus eine Notwendigkeit für neue Konzepte untersucht werden.

Nachdem Ergebnisse aus der Forschung hinsichtlich Umfang und Qualität von Familienbildungsmaßnahmen dargelegt werden, können Analysen über Defizite, Probleme und Bedarf die Grundlage für Überlegungen zu neuen Konzeptionen bilden.

Eine Differenzierung in Angebote der Elternberatung und Angebote der Elternschulung wäre für die weitere eingehendere Auseinandersetzung der Problematik zwar wichtig, wird aber im Hinblick auf den Umfang dieser Arbeit nicht vollzogen. Jedoch erscheint für eine praxisnahe Umsetzung von bedarfsgerechter Elternunterstützung ein Angebot das sowohl Schulung als auch Beratung umfasst als klientenfreundliches, wie auch notwendiges, Kriterium. Im weiteren Verlauf wird in Hinblick auf die Frage nach neuen Konzepten insgesamt der Begriff „Elternschulung /-bildung" verwendet.

4.1 Erfassung von Umfang und Qualität des aktuellen Angebots

Zur Erfassung des aktuellen Angebots wurde 2006 eine Untersuchung des Bundesministeriums für Familien, Senioren, Frauen und Jugend unter Leitung von Prof. Dr. Friedrich Lösel durchgeführt. In der Bestandsaufnahme erfolgte eine bundesweite schriftliche Befragung von Einrichtungen, die Veranstaltungen zur Eltern- und Familienbildung anbieten (Bezugsjahr: 2004). Neben Familienbildungsstätten wurden auch Beratungseinrichtungen, selbsthilfeorientierte Vereine sowie Einrichtungen der allgemeinen Erwachsenenbildung, Seelsorge und Wohlfahrtspflege einbezogen. Einige Ergebnisse hieraus wurden schon in Kapitel 3 verwendet; zur Darstellung des Umfangs hieraus:

„Eine Hochrechnung, die die Rücklaufquote und die Stichprobenziehung berücksichtigt, ergibt für das Jahr 2004 eine Gesamtzahl von etwa 197000 Veranstaltungen, die von den in der Befragung repräsentierten Einrichtungen angeboten wurden. Bei rund neun Millionen Familien mit minderjährigen Kindern, die 2004 in Deutschland lebten (Mikrozensus 2004), entspricht das im Durchschnitt einem Angebot für je 46 Familien. Da Angebote für Familien mit jungen Kindern überwiegen, in der Bevölkerung aber von einer annähernden Gleichverteilung über die Altersphasen ausgegangen werden kann, ergibt sich für junge Familien eine höhere Versorgungsleistung als in späteren Familienphasen" (Lösel 2006, S. 149).

Ein aktuelles Projekt des Staatsinstituts für Familienforschung an der Universität in Bamberg beschäftigt sich mit der Entwicklung eines Gesamtkonzepts zur Familienbildung im Rahmen der Jugendhilfe in Bayern. Zur Erfassung und Analyse der vorhandenen Angebote wurde dabei zum einen eine Online-Befragung von Einrichtungen durchgeführt. Zum anderen werden aktuell im Rahmen einer Regionenanalyse weitergehende Informationen zum Stand der Strukturen und Angebote erhoben. Ziel dieser Analyse ist die Ermittlung und Bewertung des familienbildenden Angebotes im Rahmen der Jugendhilfe in ausgewählten bayerischen Regionen (vgl. URL abgerufen am 13.04.2010: http://www.ifb.bayern.de/ forschung/gesamtkonzept.html). Ergebnisse dieses Projektes sind allerdings noch nicht einsehbar.

Insgesamt weist Mühling und Smolka (2007, S. 7) auf einen bemerkenswerten Mangel an systematischer Forschung zum Thema Familienbildung hin, obwohl das Staatsinstitut für Familienforschung in Bayern in den vergangenen Jahren vielfältige entsprechende Projekte durchgeführt und eine ganze Reihe von Publikationen vorgelegt hat um diesem Defizit entgegenzuwirken und den generellen Informationsgrad zu erhöhen. (vgl. dazu die Studien von Bierschock und Walter 2000 aus: URL abgerufen am 13.04.2010: http://www.ifb.bayern.de /forschung/abgeschlossene.html).

4.1.1 Qualität von Elternbildungsmaßnahmen

Um Qualität von Elternbildungsmaßnahmen zu beschreiben, ist eine Festlegung von Kriterien notwendig, denn Qualität ist interessenabhängig und kann nicht als einheitliches Konzept verstanden werden, wie dies Terhart (2000, S. 29) beschreibt. Kriterien sollten so klar und präzise wie möglich von der jeweiligen Interessengruppe beschrieben und in Qualitätsstandards (Gütesiegel, Qualitätsmanagement) festgelegt werden, um die kontinuierliche Überprüfung und einen Vergleich zu ermöglichen.

Für eine kritische Übersicht der aktuellen und bekanntesten Konzepte der Elternbildung hat Tschöpe-Scheffler zehn Qualitätsanfragen aufgestellt und gleichzeitig betont, dass es eine große Zahl an unterschiedlichen Auffassungen darüber gibt, welche Qualitätsanforderungen an entsprechende Unterstützungsmaßnahmen zu stellen seien. Um Elternschulungskonzepte vergleichen zu können, fragt sie

- nach der Transparenz der theoretischen Grundlagen des Kurses,
- nach empirischen Wirksamkeitsstudien,
- nach wirksamen Methoden und Inhalten zur Erweiterung und Veränderung von Alltagskonzepten der Eltern,

- wie positive Selbstwirksamkeitserwartungen und die Erziehungsautorität der Eltern gefördert werden,
- nach der Subjektstellung des Kindes,
- nach der Ausbildung der Kursleiter/innen,
- nach der Niederschwelligkeit und den Kosten der Angebote,
- nach der Unterstützung von Netzwerken und Nachbarschaftshilfen – Lebensraumorientierung
- und nach zusätzlichen Angeboten außerhalb der Kurszeit.

Des Weiteren hat sie die Angebote nach vier Schwerpunkten hin befragt und das Ergebnis in verschiedenen Kategorien gewichtet (vgl. Tschöpe-Scheffler 2005, S. 277 - 299). Auf dieser Grundlage können verschiedene Konzepte miteinander verglichen und transparenter in ihrem Aufbau dargestellt werden.

Die anfängliche Frage nach der Qualität von Elternbildungsmaßnahmen wurde bisher noch nicht systematisch erforscht, da, wie Wahl und Hees (2006, S. 111) feststellen, im deutschsprachigen Raum verbindliche Qualitätsstandards fehlen und die Elternbildungsmaßnahmen bisher kaum empirisch überprüft und nachgewiesen wurden. Auch Lösel resümiert, „dass die erfolgreiche Umsetzung der jeweiligen Maßnahmen nur selten systematisch erfasst wurde. Leider wurde bei den gezielten Erhebungen nur in Einzelfällen angegeben, auf welche Weise man die jeweiligen Merkmale überprüfte. Weiter fällt auf, dass von den Kursleitern auch häufig keine subjektive Einschätzung vorgenommen wurde, wenn objektive Daten fehlten" (2006, S. 97).

Diese Feststellung deutet auf ein erstes Defizit des aktuellen Angebots hin, was im nächsten Kapitel weiter ausgeführt wird.

4.1.2 Was sind Probleme und Defizite des aktuellen Angebots?

Verschiedene Analysen der vorhandenen Angebote (vgl. Lösel 2006, Baum 2006, Rupp, Mengel, Smolka 2009) verdeutlichen die Vielfalt der Angebote. Sie benennen Vorteile und Stärken, decken allerdings auch Probleme und Defizite auf.

Abgeleitet aus den oben aufgeführten Untersuchungen von Lösel, Baum und Mengel und Smolka können folgende Punkte aufgelistet werden:

Bezüglich Zielgruppen und Themenschwerpunkten
- Viele Angebote sind thematisch eher allgemein gehalten oder versuchen, verschiedene Zielgruppen gleichzeitig anzusprechen (z. B. Alleinerziehende, Familien mit Migrationshintergrund und sogenannte bildungsferne Milieus).

- Die Mehrheit der Angebote ist daher unspezifisch, d. h. wenig passgenau zugeschnitten auf spezielle Familienphasen, verschiedene Lebenslagen und spezielle Zielgruppen und nur selten für bestimmte Familienformen konzipiert.
- Ein deutlicher Schwerpunkt zeigt sich bei Angeboten für Familien mit Kindern vom Säuglings- bis zum Schulalter, danach entsteht ein Defizit für Familien mit älteren Kindern.
- Zumeist werden nur Frauen erreicht, die außerdem überwiegend aus der Mittelschicht stammen.

Bezüglich Methoden, Erreichbarkeit und Niederschwelligkeit
- Es wird fast ausschließlich mit einer Komm-Struktur gearbeitet
- Bei der Form der Angebote zeigen sich kaum Innovationen, was besonders im Hinblick auf ihre Niederschwelligkeit kritisch zu werten ist.
- Unabhängig von der Angebotsform ist sehr häufig eine vorherige Anmeldung Voraussetzung für die Teilnahme, was für viele Eltern als weitere Hürde empfunden wird.
- Zudem ist das vorhandene Angebot vor Ort für die Familien häufig nicht transparent.
- Viele Mitarbeiter im Bereich der Familienbildung sind Honorarkräfte, die nebenberuflich oder während ihrer Familienphase tätig sind. Sie haben oftmals keine pädagogische Ausbildung und erhalten nur selten die Möglichkeit, an Fortbildungsveranstaltungen (z. B. über Erwachsenenbildung oder Arbeit mit Kleinkindern) teilzunehmen oder gar eine Supervision zu erfahren.

Bezüglich Gesamtangebot und Vernetzung
- Die Angebote werden unter sehr unterschiedlichen institutionellen Rahmenbedingungen durchgeführt und nur bei einem Teil der Angebote wird ein konkreter Sozialraumbezug hergestellt.
- Nach wie vor gibt es unter der Vielzahl der Angebote nur wenige evaluierte Maßnahmen. Oft beruhen Ergebnisabfragen nur auf der subjektiven Einschätzung des Schulungspersonals.
- Über Nachhaltigkeit und Anschlussfähigkeit sind meist keine Informationen vorhanden.
- Die vorhandenen Angebotsstrukturen sind meist nicht aufgrund systematisch erhobenen Daten entwickelt worden, sondern gründen vorwiegend auf Bedarfseinschätzungen der Anbieter. Nach Elternbefragungen entsprechen sie nur teilweise dem von ihnen artikulierten Bedarf.
- Ein Entwicklungsbedarf besteht sowohl bei strukturellen als auch bei inhaltlichen Aspekten.

- Es mangelt vor allem an alltagsnahen, sozialraumbezogenen und aufsuchenden Angeboten.
- Vor allem im ländlichen Raum lässt sich ein Angebotsdefizit feststellen.
- Trotz Kooperationsbeziehungen gibt es meist keine übergreifenden Vernetzungsstrukturen, durch welche ein bedarfsgerechtes und abgestimmtes Gesamtangebot auf kommunaler Ebene sichergestellt werden kann.
- Für Eltern stellt sich somit meist eine Familienbildungslandschaft mit unübersichtlicher Vielfalt dar.
- Alle Anbieter klagen über finanzielle Engpässe, die zum Einen durch stagnierende oder zurückgehende Zuschüsse und zum Anderen durch deren erst kurzfristig bekannt gegebene Höhe bedingt werden.
- Die strukturelle Heterogenität der Familienbildung in den Kommunen lässt momentan keine pauschalen Vorgaben von außen zu; demgegenüber ergibt sich eine gewisse Machtlosigkeit der Anbieter, da sich diese nur in Teilbereichen auf Bundes- oder Landesebene organisiert haben und nur selten in Jugendhilfeausschüssen der Kommunen (und Länder) repräsentiert sind.

Diese gesammelten Feststellungen bilden als Problemanalyse eine wichtige Grundlage für die Weiterentwicklung, bzw. Neukonzeption von Elternschulungsmaßnahmen. Im nächsten Schritt soll eine Bedarfsanalyse Anhaltspunkte liefern, mit denen bedarfsgerechter Verbesserungen oder Neuerungen umgesetzt werden könnten und sollten.

4.2 Bedarf an Elternschulung

„Der Bedarf entspricht der Differenz zwischen dem, was gegeben bzw. vorfindbar ist und dem, was erwartet wird", wie Niegemann, Schatta und Müller (2007, S. 17) definieren.

Dabei ist zwischen individuellen Bedürfnissen und abzudeckenden Bedarfen zu unterscheiden. Für eine Bedarfsanalyse sind zunächst die Bedürfnisse der vor Ort lebenden Familien festzustellen, wobei die Daten zur Bevölkerungs- und Sozialstruktur Basisinformationen bilden. Zudem können durch Beobachtungen, Expertenbefragungen oder durch direktes Befragen der Adressaten, anhand von Fragebögen oder Interviews, Informationen gewonnen werden. Diese Informationen müssen fachlich und hinsichtlich der Zielsetzung ausgewertet werden.

Zur Durchführung einer Bedarfsanalyse ist es sinnvoll, die Art des Bedarfs näher zu bestimmen und diesen in sechs Kategorien aufzuschlüsseln:

1. Normativer Bedarf beschreibt die Differenz zu allgemeinen Standards.
2. Relativer Bedarf weist auf den Vergleich mit anderen Maßnahmen und deren bessere Ergebnisse.

3. Subjektiv empfundener Bedarf verdeutlicht den Wunsch der Individuen nach Verbesserung.

4. Demonstrativer Bedarf liegt vor, wenn das Verhalten der Zielgruppen einen Bedarf aufweist.

5. Zukünftiger Bedarf erkennt bevorstehende Veränderungen und deren Bedarf.

6. Qualifizierungsbedarf bedeutet, dass Mitarbeiter nicht genügend auf kritische Ereignisse vorbereitet sind.

Nicht für alle unterschiedlichen Bedarfskategorien gibt es vorliegende Untersuchungen, da z.b. ein normativer Bedarf durch das Fehlen allgemein gültiger Standards für Elternschulungen kaum auftreten kann (Ausnahme: Elternschulungen die über Erwachsenenbildung organisiert werden unterliegen den dort festgelegten Standards). Exemplarisch sollen anschließend mehrere Ergebnisse aus verschiedenen Untersuchungen einen Bedarf aufzeigen, der später wichtige Punkte für eine Weiterentwicklung von Konzeptionen für Elternschulungen begründen soll.

Beispielsweise hält Smolka (2002, S. 26) in ihrer Arbeit als Fazit fest, „dass die überwiegende Mehrheit der Eltern der Meinung ist, dass Elternsein, d.h. die Fähigkeit, Kinder groß zu ziehen, keine Gabe der Natur ist, über die alle Eltern automatisch verfügen. Eine Vorbereitung und Begleitung von Eltern in dieser Aufgabe wird folglich von den meisten als notwendig und hilfreich empfunden." Dies begründet einen grundlegenden Bedarf für die gesamte Zielgruppe der Eltern, wie dies auch die Zahlen in folgender Abbildung verdeutlichen:

Abb.13: Gewünschte Form und gewünschter Zugangsweg von Informationen

Form und Zugangsweg	Stimme zu %
Ich möchte gerne regelmäßig Informationen zu Familien- und Erziehungsfragen erhalten	53,0
Ich möchte nur dann Informationen zu Familien- und Erziehungsfragen erhalten, wenn ich sie anfordere.	77,9
Ich brauche keine Informationen zu Familien- und Erziehungsfragen.	20,5
Ich möchte gerne Informationen zu Familien- und Erziehungsfragen, die jeweils für bestimmte Altersgruppen aufbereitet sind.	84,4
Wenn ich Fragen zu Familie- und Erziehungs habe, möchte ich am liebsten persönlich beraten werden.	71,8
Wenn ich Fragen zu Familie und Erziehung habe, ist mir eine anonyme Information, z.B. in gedruckter Form am liebsten.	45,1

(Smolka 2002, S. 52)

Ersichtlich wird aus dieser Abbildung, dass nur ca. 20 % der Eltern keinen Bedarf an Informationen zu Familie und Erziehung äußern. Smolka (2002, S. 7) stellt später fest, dass rund ein Drittel der Eltern keine Angebote der Familienbildung nutzen – entweder, weil sie keine kennen (10 %) oder weil sie keine Zeit haben bzw. weil die Veranstaltungsorte schlecht erreichbar sind. Jede/r fünfte „Nichtnutzer" bzw. „Nichtnutzerin" hat kein Interesse an den behandelten Inhalten, ein Drittel bemängelt, dass die angebotenen Themen nicht den eigenen Bedürfnissen entsprechen.

Aus diesen Daten lassen sich Bedarfe an mehr Information über stattfindende Maßnahmen, bessere Erreichbarkeit der Kursorte und bedarfsorientierten Themen ablesen. Lösel (2006; S. 93) kommt in seiner Untersuchung zu der Schlussfolgerung, dass noch ein Mangel an veröffentlichten Konzepten für besondere Zielgruppen besteht und deshalb entweder bestehende Konzepte an besondere Bedürfnisse der Klienten angepasst werden oder eine eigene Gestaltung erfolgt.

Auch in einer Untersuchung von Mühling und Smolka 2007 lassen sich ähnliche Ergebnisse ablesen: Verglichen mit der Elternbefragung 2002 ist der Wunsch nach regelmäßiger Information deutlich zurückgegangen: von 53,0 % auf 36,4 %. Zugleich legen Eltern zunehmend Wert darauf, nur Informationen zu bekommen, wenn sie diese selbst angefordert haben: Der entsprechende Anteil liegt heute bei 86,3 % (2002: 77,9 %). Auch der Anteil derer, die aus subjektiver Sicht keine Informationen zu Familien- und Erziehungsfragen benötigen, ist von 20,5 % auf 29,5 % gestiegen. Es scheint demnach im Zeitalter der Informationsflut eine Tendenz zu geben, dass Eltern sich danach sehnen, wenige, ausgewählte Hilfestellungen zu erhalten, die wirklich auf ihren aktuellen Bedarf zugeschnitten sind (Mühling&Smolka 2007, S. 60).

Konkret benennen kann Lösel einige Themen, die Eltern bei seiner Umfrage als Wunschthemen angeben: Umgang mit Konflikten, gefolgt von dem erziehungsbezogenen Thema „Grenzen setzen, Nein sagen, Regeln, Konsequenz" und den Regeln der positiven Kommunikation (aktives Zuhören, wertschätzende Gesprächsführung, Ich-Botschaften). Geht man davon aus, dass die Inhalte den Wünschen und Bedürfnissen der Teilnehmer entsprechen, wird ein deutlicher Bedarf an Anleitung und erlernbaren „Techniken" erkennbar (Lösel 2006, S. 66). Dieser Bedarf kann in der Umfrage von Smolka spezifischer in verschiedene Lerninhalte und Darbietungsformen aufgeschlüsselt werden:

Abb.14: Gewünschte Aufbereitung von Informationen

Merkmale (Rankingliste)	Ist mir wichtig %
Einfache, allgemeinverständliche Formulierungen	93.7
Neutrale Information	87.9
Konkrete/praktische Fallbeispiele	87.2
Neueste wissenschaftliche Erkenntnisse	84.1
Klare Handlungsanweisungen	81.7
Eine möglichst knappe Darstellung	75.0
Bilder oder grafische Darstellungen	66.2
Checklisten	56.4
Eher ausführliche Darstellung	50.5

(Smolka 2002, S.51)

Neben diesen Bedarfsnennungen gibt es auch andere, die eher organisatorische Aspekte ansprechen. Relativ konsistent über die verschiedenen Einrichtungen hinweg wird in den Untersuchungen auf die Notwendigkeit einer besseren Vernetzung hingewiesen. Man wünscht sie sowohl zwischen verschiedenen Anbietern als auch mit anderen Institutionen wie Schulen oder Kindertagesstätten. Ein weiterer Aspekt, der sich weniger auf den direkten Bedarf der Adressaten von familienbezogenen Angeboten bezieht, sondern vielmehr auf die Anbieter selbst, ist die Fortbildung von Fachkräften. Hier wird vor allem von Seiten der Koordinationsstellen weiterer Bedarf gesehen, wie Lösel (2006, S. 44) anfügt.

Insgesamt lassen sich aus mehreren Untersuchungen Bedarfe in unterschiedlichen Kategorien ablesen, anhand dessen Überlegungen zu Ansatzpunkten für die Weiter- oder Neuentwicklung von Konzepten zur Elternschulung gemacht werden können.

4.3 Welche Ansatzpunkte ergeben sich daraus für neue Konzepte?

Was genau soll ein Konzept beinhalten, wie umfassend sind die Ansatzpunkte, die dazu betrachtet werden können? Eine Definition aus dem Online-Wörterbuch Wikipedia (URL abgerufen am 20.04.2010: http://de.wikipedia.org/wiki/Konzeption) beschreibt Konzeption (Konzept wird im allgemeinen Sprachgebrauch häufig synonym verwendet) als „eine umfassende Zusammenstellung der Ziele und daraus abgeleiteten Strategien und Maßnahmen zur Umsetzung eines größeren und deshalb strategisch zu planenden Vorhabens." Sie beinhaltet notwendige Informationen und Begründungszusammenhänge, einen Zeit- und Maßnahmenplan und eine Ressourcenplanung (Zeit, Geld, Material, Personal). Die Konzeption von Bildungsmaßnahmen beginnt für Quilling und Nicolini (2009, S.17) mit der Benennung eines Bildungsbedarfs, darauf folgen die Bestimmung einer Zielgruppe und die Spezifikation von Lerninhalten und –zielen.

Für ein bedarfsorientiertes und abgestimmtes familienbildendes Angebot ist eine differenzierte und umfassende Planung mit Bestands- und Bedarfserhebung erforderlich .Im bisherigen Teil dieser Arbeit wurde die Familie, ins besonders die Eltern, als Zielgruppe der Bildungsmaßnahmen eingehend auf ihre momentane Situation, genauer beleuchtet. Daraus ließ sich mit dem ansteigenden Leistungsdruck und dessen Auswirkungen ein Bedarf ableiten und mit Ergebnissen aus verschiedenen Untersuchungen im letzten Abschnitt spezifizieren. Angaben zum Umfang und der Qualität des momentanen Angebots sollen als Grundlage für die Planung und Weiterentwicklung von Konzepten dienen.

Der zentrale Ansatzpunkt für eine Weiterentwicklung der Angebotsstruktur oder die Einführung neuer Konzepte liegt jeweils vor Ort. Dort wird die Angebotskoordination, die Schaffung wirksamer Netzwerkstrukturen vor Ort unter aktiver Beteiligung aller relevanten Akteure sowie die Verzahnung mit angrenzenden Feldern der Jugendhilfe und der Familienunterstützung erforderlich. Inhalte und Ziele von Familienbildung sollten von allen Beteiligten gemeinsam erörtert und festgelegt werden. Die Verantwortung für den Prozess der Entwicklung und Verstetigung des Familienbildungskonzeptes liegt beim öffentlichen Träger der Kinder- und Jugendhilfe und für Planung und Koordination der familienbildenden Angebote vor Ort ist das Jugendamt zuständig.

Die folgende Abbildung, die Rupp, Mengel und Smolka in ihrem Leitfaden zur Familienbildung vorstellen, stellt diesen Prozess übersichtlich dar:

Abb.15: Prozess der Entwicklung und Verstetigung eines Familienbildungskonzeptes

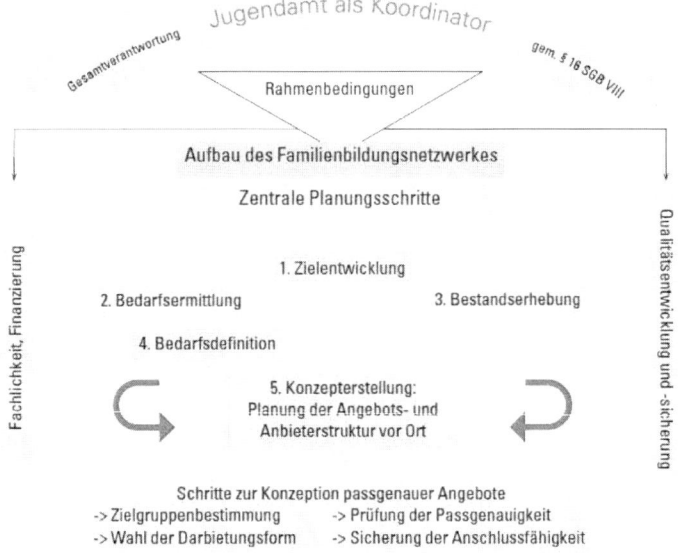

Rupp, Mengel und Smolka (2009, S. 21)

Anhand dieser Abbildung werden die verschiedenen Ebenen deutlich, an denen Weiterentwicklung und Neukonzeption ansetzen kann.

Textor (2006, S. 13-16) beschreibt in seiner Arbeit über das System Familienbildung ausbaufähige und neuartige Maßnahmen zur Weiterentwicklung, die er in einer Tabelle (siehe Anhang) den jeweiligen Anbietern zuordnet. Er betont dabei die Notwendigkeit einer Arbeitsgemeinschaft und der gemeinsamen Absprache.

Für die konkretere Beschreibung von Ansatzpunkten, die sich aus den Erörterungen dieser Arbeit ableiten lassen, soll eine grobe Einteilung der Handlungsebenen stattfinden:

1. Grundsätzliches kann in der Gesamtorganisation, Koordination und den gesetzlichen Rahmenbedingungen vorangebracht werden.

2. Dann gibt es Möglichkeiten der Verbesserung in der Konzeption zielgruppenspezifischer und passgenauer Angebote.

3. Übergreifend sollte Familienbildung als Gesamtkonzept Ansatzpunkte bieten, mit dem elterliche Erziehungskompetenz gefördert wird und eine Qualifizierung der Eltern dem festgestellten problematischen Bedarf vorausschauend entgegenwirkt.

(1) Gesamtorganisation, Koordination und gesetzliche Rahmenbedingungen

Voraussetzung für eine Gesamtorganisation und Koordination ist ein fester Ansprechpartner im Jugendamt, der die Förderung und Weiterentwicklung von Familienbildung zu seiner expliziten Aufgabe macht, indem er federführend aktiv ist, Verantwortung übernimmt und als Anlaufstelle vor Ort dient. Wie dieses Familienbildungsnetzwerk konkret aussieht, hängt von den sozialräumlichen und infrastrukturellen Gegebenheiten vor Ort ab, wie z. B. der Anzahl und den Ressourcen der Anbieter oder bereits vorhandener Netzwerke, die eingebunden werden können.

Elementare Bausteine für den Aufbau und der laufenden Organisation eines Netzwerks liegen in der **Zielentwicklung und Planung**, die mit allen Beteiligten abklärt, mit welchen Aktionen welche Ziele konkret vor Ort umgesetzt werden sollen. Des Weiteren zentral für eine zielgruppenorientierte Planung sind die **Bedarfsermittlung und die Bestandserhebung** - und zwar durch Erfassung sozialraumspezifischer Daten vor Ort. Die systematische **Darstellung aller vorhandenen Einrichtungen** ermöglicht eine gezielte Öffentlichkeitsarbeit, die den Bekanntheitsgrad und die Akzeptanz von Familienbildung fördert, Ressourcen akquiriert und notwendige Transparenz für Eltern schafft.

Eine **Dokumentation der organisatorischen Rahmenbedingungen** (Gesetze, Vorschriften oder Richtlinien) bilden den Rahmen, innerhalb dessen **neue Angebote und Maßnahmen entwickelt** werden können oder das **bestehende Angebot besser angepasst** werden kann an Ziele, Zielgruppen und Bedarf der Familien.

Dieser Prozess muss kontinuierlich erfolgen und es muss geprüft werden, welche Anpassungen und Korrekturen ggf. vorgenommen werden müssen und wie das Gesamtangebot verstetigt werden kann. **Evaluation** soll nachhaltig die Qualität des Angebotes sichern.

Um eine Vernetzung zu garantieren, muss die Informationsvermittlung zwischen allen Beteiligten bestmöglich organisiert und überprüft werden.

Qualität in der Familienbildung beinhaltet überdies fachliche Weiterbildung, Professionalität des Personals und Qualifizierung von Ehrenamtlichen.

Die Träger der öffentlichen Jugendhilfe stehen in der Gesamtverantwortung, wie Rupp, Mengel und Smolka (2009, S. 10) ausführen und „sind verpflichtet, entsprechende Leistungen bereit zu stellen. Für die konkreten Angebote gilt das Subsidiaritätsprinzip: Wenn freie Träger geeignete Angebote bereitstellen, soll die öffentliche Jugendhilfe von eigenen Maßnahmen absehen (§ 4 Abs.2 SGB VIII). Durch die daraus resultierende Vielfalt der Anbieter vor Ort ergibt sich ein mehr oder weniger großer Koordinierungsbedarf. Diese Aufgabe – ggf. im Sinne einer Gewährleistungsverpflichtung – obliegt dem öffentlichen Träger der Jugendhilfe, welcher gemäß § 79 Abs. 1, 2 i. V. m. §§ 2 Abs. 2 Nr. 2, 16 SGB VIII für die Planung, Organisation und Sicherstellung einer bedarfs- und flächendeckenden Angebotsstruktur zuständig ist." Für diese Aufgabe werden die Einrichtungen mit öffentlichen Geldern finanziert, deren

Höhe jedoch in den letzten Jahren sank, ebenso wie die Mittel der Träger nicht in ausreichendem Maß zur Verfügung stehen, wie Schmidt- Wenzel (2008, S. 47) feststellt. Meist fehlen durch die unzureichende Finanzierung auch personelle Ressourcen, um diese Gesamtorganisation und eine optimale Vernetzung zu garantieren.

In ihrer interdisziplinären Untersuchung zur Elternbildung im deutschsprachigen Raum kam Baum (vgl. 2006, S. 364- 369) schlussfolgernd zu allgemeinen Leitlinien zu Weiterentwicklung von Elternbildung, die zwar teilweise den hier Erwähnten entsprechen, gleichwohl zur Bestätigung nochmals kurz aufgeführt werden sollen:

- Zugangsvoraussetzungen verbessern und Zugangsbarrieren abbauen.

  Angebote sollen unmittelbar präsent sein, indem sie in den Eltern bekannten Räumen stattfinden (z.B. Kindergarten und Schule) und in unmittelbarer Nähe zum Sozialraum der Familie. Zeitlich, finanziell und organisatorisch sollen einfache Zugangswege geschaffen werden.

- Informationsbasis verbreitern und verbessern.

  Informationen sollten gut zugänglich sein, Details der Angebote transparent machen und über den Nutzen für die Eltern informieren.

- Vorhandene Strukturen besser nutzen und vernetzen

- Partizipation und Selbsthilfe- Orientierung stärken.

  Familien sollten die Möglichkeit haben, ihre Vorstellungen und Wünsche mit einzubringen, weshalb bestehende institutionelle Angebote partizipativ weiterzuentwickeln sind.

- Vielfalt erhalten und fördern.

  Durch eine gute Vernetzung und Kooperation kann die Vielfalt in der Elternbildung unterschiedliche Angebote bieten, die in unserer pluralistischen Gesellschaft das breite Spektrum an Bildungsbedarf abdecken sollten.

- Qualitätssicherung und Evaluation

- Qualifikation der Elternbildnerinnen

Insgesamt lassen sich auf der Ebene der Gesamtorganisation und Vernetzung viele Ansatzpunkte für die Weiterentwicklung oder Neukonzeption von Elternbildung ableiten, was ebenso aus verschiedenen Untersuchungen (vgl. Baum 2006, Lösel 2006, Rupp, Mengel& Smolka 2009) hervorgeht.

(2) Konzeption zielgruppenspezifischer und passgenauer Angebote

Familienbildende Angebote sollen sich an Themen orientieren, die für Familien und ihre Lebenswelt aktuell und passgenau sind. Das bedeutet nicht, dass eine Vielzahl neuer Maßnahmen eingeführt werden muss, sondern spezifischer Bedarf verschiedener Kulturen oder Milieus kann in bestehenden Angeboten aufgegriffen und integriert werden. Für die weitere Entwicklung von örtlichen Konzepten muss auf jeden Fall geprüft werden, welche Gruppen dort noch Bedarf an Elternschulung haben und zu wenig oder keine passgenauen Angebote vorfinden. Für Zander und Knorr (2003, S. 28) zeigt sich eine notwendige Verbesserung von Angebotskonzepten für von Armut betroffenen Familien, die von sich aus eher selten unterstützende Angebote aufsuchen. Ebenso sei es wichtig, Familien mit Migrationshintergrund durch gezielte Maßnahmen (z. B. mit muttersprachlichen Mitarbeitern, interkulturellen Beratungskonzepten und Vernetzung von Einrichtungen, die mit Migranten arbeiten) zu fördern und die offensichtlich hohe Schwelle von der Inanspruchnahme zu senken. Daneben besteht auf jeden Fall notwendiger Entwicklungsbedarf für Schulungskonzepte, die Stief- und Patchworkfamilien, Adoptiv- und Pflegefamilien, Teenager-Eltern, Regenbogenfamilien undkinderreiche Familien ansprechen; ebenso sollten Konzepte zusätzlich auf die Problematik von Alleinerziehenden, Scheidungssituationen, Familien mit verhaltensauffälligen Kindern und speziell auf Väter (die bisher prozentual sehr unterrepräsentiert sind in den Schulungen) eingehen.

Ein weiteres wichtiges Kriterium für die Weiterentwicklung von Familienbildung besteht darin, herauszufinden, welche Art von Informationen bei Eltern „ankommt" und wie eine Aufbereitung von Informationen aussehen sollte, wenn sie für Eltern ansprechend sein soll. Eltern wollen keine komplizierten, langatmigen Abhandlungen, sondern sie möchten verständlich, neutral und anwendungsorientiert auf hohem Niveau informiert werden, wie Smolka resümiert (2002, S. 50).

In nachstehender Tabelle sind konkrete Ansatzpunkte für die Umsetzung von zielgruppenspezifischen und passgenauen Angeboten zusammengefasst.

Tabelle 3 : Ansatzpunkte für bedarfsorientierte Elternschulungskonzepte

Zugangswege eröffnen	- Familien „abholen"/aufsuchendes Arbeiten
	- Alltagsnähe herstellen
	- Direkte Ansprache
	- Multiplikatoren gezielt einbeziehen
	- „Huckepack-Verfahren" kreativ nutzen
	- Anreize setzen
	- Offene Angebote und Gelegenheitsstrukturen schaffen
	- Service-Angebote, interessante Dienstleistungen
	- Geeignete Orte für die Werbung nutzen
	- Attraktive Veranstaltungen
Orientierung am	- Städtisch/ländlich
	- Brennpunkt
sozialen Raum	- Einrichtungstyp/konkreter Ort
	- Bekannte und beliebte Orte wahrnehmen
	- Kulturen und Milieus beachten
Wahl der	- Kurse
	- Feste Gruppen
Darbietungsform	- Offene Gruppen
	- Offene Treffpunkte
	- (Haus-)Besuche
	- Freizeit-/Erholungsangebot
	- Informationsveranstaltung, Vortrag
	- Themenabende
	- Beratung
	- Kombinationen
	- Raum für Austausch
	- Raum für aktuelle Interessen der Teilnehmer
Anschlussfähigkeit	- Kontakte herstellen und pflegen
	- Inhaltlich anschließende Angebote
sichern	- Inhaltlich vertiefende Angebote
	- Vermittlung in spezielle Angebote
	- Vermittlung von Beratung
	- Sonstige Hilfen

(Rupp, Mengel & Smolka 2009, S. 52, 53)

Ansatzpunkte, die in der letzten Zeile der Tabelle aufgeführt werden und die die Anschluss-fähigkeit nach der Schulungsmaßnahme sichern, sollen nochmals betont werden. Sie sind besonders wichtig um das Ziel der Stärkung von familialen Erziehungskompetenzen langfris-tig zu festigen. Aus der Perspektive der Eltern wäre diese Weiterbetreuung wünschenswert. Nave-Herz (2003, S. 124) vermutet den Grund für das wachsende Bedürfnis nach Elternbil-dung in der Befriedigung des Bedürfnisses der Eltern nach Sicherheit und dem Wunsch nach Reduktion von Spannungen innerhalb der Familie. Die Grenzen zur Elterntherapie würden damit aber immer fließender werden.

(3) Familienbildung als politisches Gesamtkonzept

Mit der Vielfalt an Angeboten steigt, neben der Konkurrenz zwischen den verschiedenen Konzepten und Ansätzen, der Qualitätsanspruch von Teilnehmern wie auch Mitarbeitern. Dies erfordert eine systematische Überprüfung von festgelegten Qualitätsstandards und darüber hinaus die Weiterentwicklung von Qualität. Pettinger und Rollik (2005, S. 168) fordern diese Entwicklung als Regelprozess, der umso dringlicher wird, „als sich Bildungseinrichtungen und –träger der Forderung nach Zertifizierung als Voraussetzung für die zukünftige öffentliche Förderung gegenübersehen". Dabei sollten Förderrichtlinien und Qualitätsstandards der Erwachsenenbildung die Weiterentwicklung von Familienbildung nicht behindern, denn diese muss an den Zielen der Kinder- und Jugendhilfe orientiert sein.

Durch modellhafte Erprobung geeigneter Curricula einerseits für Elternschulungen und andrerseits für die Qualifikation vom Schulungspersonal könnten einheitliche Grundlagen geschaffen werden, die nachhaltig evaluiert werden können, Qualitätsentwicklung und – sicherung ermöglichen und allerdings bedarfsgerecht vor Ort angepasst werden müssen.

Angedacht werden soll ein weiterer Ansatzpunkt, der vorausschauend ansetzt und Themen der Erziehung in den Lehrplan der schulpflichtigen Kinder aufnimmt. Prävention durch Aufklärung der kommenden Generation, die Erziehung nicht mehr als Kulturtechnik aus dem Erfahrungsschatz der vorherigen Generation übernimmt, sondern von anderer Seite Anleitung benötigt.

Später könnten Elternbriefe (die bereits gebietsweise in Deutschland eingesetzt werden) als bedarfsgerechtes Informationsmedium für Ersteltern eingesetzt werden und über die Sensibilisierung der Eltern mit gezielten Informationen die Wahrnehmung für familienbildende Einrichtungen und ihre Angebote erhöhen.

Prävention in einem politischen Gesamtkonzept für Elternbildung sollte eine Öffentlichkeitsarbeit beinhalten, die den Eltern Informationen liefert, die zum Abbau des Leistungsdrucks in der Familie beitragen. Vordringlich im schulischen Bereich kann Druck herausgenommen werden, indem niedrigere Schulabschlüsse und Kompetenzen der Kinder, die nicht im schulischen Bereich liegen, aufgewertet werden. Eltern sollten dahingehend unterstützt werden, dass sie ihren Kindern Freiräume erlauben, in denen keine Förderung und Erziehung stattfindet muss, sondern Kinder sich durch eigene Erfahrungen entwickeln können. Möglichkeiten für solche Freiräume können von den öffentlichen Trägern vermehrt geschaffen werden; vor allem im städtischen Bereich, der hier einen großen Mangel aufweist.

4.4 Zwischenfazit

Das Thema Elternbildung umfasst ein sehr weites Feld: Gemäß den Forderungen des § 16 SGB VIII ist darunter alles zu verstehen, was die Erziehungskompetenz stärkt. Dies lässt sich in zwei wesentliche Bereiche bündeln, nämlich die Gestaltung der Angebote (die dem Kriterium der Niedrigschwelligkeit entsprechen soll) und der Vernetzung der Angebote (inklusive deren Verbreitung und Erreichbarkeit). Dass in beiden Bereichen viel Entwicklungsbedarf besteht, was inzwischen aus vermehrten Untersuchungen hervorgeht, bestätigt eine Notwendigkeit für die Weiterentwicklung oder Neugestaltung von Konzepten.

Das große Potential an Elternbildungskonzepten und neuen, wertvollen Innovationen in diesem Bereich kann durch Koordination und Kooperation der Einrichtungen unterschiedliche Schwerpunkte setzen und auf diese Weise Know-how bündeln. Eine solche Bündelung könnte zusätzlich dadurch erfolgen, dass sich verschiedene Stellen gegenseitig mit entsprechenden Angeboten versorgen, so dass nicht die Teilnehmer wandern, sondern die Angebote. Regionale Einrichtungen sollten im Austausch stehen und sich gegenseitig über die jeweiligen Angebote informieren. Eine Vermittlungsfunktion eröffnet sich die Möglichkeit, die Eltern bei Bedarf auf Veranstaltungen anderer Einrichtungen hinzuweisen. Bereits die systematische Sammlung von Angeboten, die dann anderen Anbietern, sozialen Diensten oder den Eltern selbst einen transparenten und schnellen Überblick geben kann, ist eine einfache, aber wirkungsvolle Hilfe. Lösel (2006, S. 151) erscheint eine gemeinsame Angebotsplanung innerhalb der Vernetzung verschiedener Einrichtungen sinnvoll, damit sich durch die Vielfalt der Anbieter nicht das Problem ergibt, dass bestimmte Angebotsbereiche parallel versorgt werden, während andere Bedarfslagen unterrepräsentiert bleiben. Die Folge wäre, dass die Einrichtungen teilweise in Konkurrenz zueinander treten statt sich gegenseitig zu ergänzen.

Um eine langfristige Qualitätssicherung zu gewährleisten, schlägt Lösel (2006, S. 169) vor, bundesweite Standards auf der Grundlage von Akkreditierungssystemen zu entwickeln, die in Zusammenarbeit von Praxis und Wissenschaft entwickelt werden könnten.

Wichtig bleibt eine Evaluation, die gewährleistet, dass ein ständiger Prozess der bedarfsorientierten Weiterentwicklung von Konzepten der Elternbildung stattfindet.

5 Resümee

Durch verschiedene gesellschaftliche Veränderungen, die eingangs beschrieben wurden, ist das Familienleben vielfältiger geworden. Im Alltag mit Kindern sollen Eltern die Aufgaben der Sorge und Betreuung ihrer Kinder bewältigen; was komplexe Fähigkeiten und Fertigkeiten unter anderem aus Bereichen der Säuglingspflege, der Erziehung, der Haushaltsführung, der schulischen Unterstützung, der Gesundheitserziehung und Krankenpflege beinhaltet. Für jeden dieser Bereiche existieren qualifizierte Ausbildungsmöglichkeiten, aber Erziehung wird, trotz auftretender Unsicherheiten, als angeborene Kompetenz betrachtet und das formale Bildungssystem bereitet künftige Eltern nicht auf diese Aufgabe vor.

Zugleich werden Anforderungen an die Erziehungsleistung der Eltern heute mit neuen, ansteigenden Ansprüchen versehen und zwar in einem Ausmaß, das viele Eltern be- oder sogar überlastet. Leistungsdruck in der Erziehung versetzt viele Familien in Stress. Daten zu Verhaltensauffälligkeiten, chronischen Krankheiten, Medikamentenverordnungen für Kinder und akuten Problem- und Krisensituationen in Familien verdeutlichen die Auswirkungen auf Kinder. Das Ausmaß dieser Zahlen wirkt erschreckend und wirft die Frage nach bedarfsgerechter und vorbeugender Unterstützung auf.

Die Lücke zwischen mangelnder Vermittlung entsprechender Fähigkeiten im familialen und informellen Bereich einerseits und im formalen Bildungssystem andererseits kann durch Angebote der Familienbildung geschlossen werden. Schon seit langem wird durch den Ausbau der Familienbildung versucht, die Familien bei der Erfüllung ihrer Aufgaben zu unterstützen. Angebote existieren heute in großer Vielfalt und in ganz unterschiedlichen Formen. Der mittlerweile kaum mehr überschaubaren Menge an Ratgeberliteratur, an Zeitschriften, Elterntrainings und Kurscurricula steht ein Mangel an systematischer Forschung zum Thema Familienbildung gegenüber. Es fehlen weiterhin einheitliche Qualitätsstandards, die Qualität absichern und Weiterentwicklung länderübergreifend möglich macht. Innovationen und Verbesserungen könnten so verbreitet und umfassender genutzt werden.

Viele der weiteren beschriebenen Ansätze sind bereits in einzelnen Projekten verwirklicht, aber leider weist die Überzahl der Einrichtungen in Städten und Länder die oben erwähnten Mängel auf. Ergebnisse aus mehreren neuen Untersuchungen zu Bestand und Bedarf an Elternbildung rechtfertigen die Notwendigkeit zur Weiterentwicklung. Der wissenschaftliche Beirat für Familienfragen (2005, S. 22) sieht in empirisch gesicherten Belegen eine Bestätigung, dass elterliche Beziehungs- und Erziehungskompetenzen durch bildende, präventive und therapeutische Ansätze aufgebaut und gestärkt werden können. Daher stellt sich für Verantwortliche in der Politik die Aufgabe für Bildungsangebote zu sorgen, die Familien mit dem Aufbau dieser elterlichen Kompetenzen unterstützen und damit Grundlagen schaffen für eine gesunde und förderliche Entwicklung ihrer Kinder.

Die Beschäftigung mit dem Thema Familie und Elternbildung war für mich sehr spannend und aufschlussreich. Umfangreiche Literatur zum Thema lieferte viele Anhaltspunkte und Daten aus wissenschaftlichen Untersuchungen, war aber auch mit zeitaufwendiger Durchsicht und Recherche verbunden. Öfter wäre eine intensivere Auseinandersetzung mit Teilbereichen aufschlussreich, hätte aber den Rahmen der Arbeit gesprengt. So habe ich versucht, einen Überblick darzustellen, der dem aktuellen Wissensstand gerecht wird und relevante Hinweise zur Begründung der aufgestellten These liefert. Aufschlussreich war für mich die Erkenntnis, an wie vielen verschiedenen Bereichen Weiterentwicklung ansetzen kann. Für eine Neukonzeption im Bereich der Elternbildung sollte der Fokus in erster Linie auf übergreifender Koordination und Kooperation liegen.

Privat konnte ich viele der erwähnten Anforderungen durch die Erziehung meiner eigenen Kinder nachvollziehen. In der Arbeit als Rehabegleitung von Eltern, deren Kinder chronisch krank oder verhaltensauffällig sind, spiegeln sich viele Probleme und Zusammenhänge aus dem hier gewählten Thema. In Gesprächen mit den Eltern steht vielfach schulischer Druck im Vordergrund, der für Spannungen in der Interaktion von Kindern und Eltern sorgt. Sehr einseitig wird gute Erziehung und bestmögliche Förderung an schulischen Leistungen festgemacht. Kinder bieten ein weit größeres Potenzial an Fähigkeiten, welche ihnen Chancen bieten für das spätere Leben.

Zusammenfassend lässt sich feststellen, dass Eltern für die wichtige Aufgabe der Erziehung Unterstützung brauchen – in erster Linie in Form der Anleitung zum Aufbau von elterlichen Erziehungskompetenzen. Elternbildung kann Teil einer modernen Professionalisierungstendenz werden, die Familienarbeit aufwerten kann. Es ist unbedingt notwendig darauf zu achten, sehr behutsam und ohne weiteren Leistungsdruck an die Eltern Weiterentwicklungen zu konzipieren.

6 Ausblick

Um eine Zustimmung zur Erziehungsverantwortung auch wirklich leben zu können, benötigen Eltern neben guten Rahmenbedingungen (angemessenen sozialräumliche Voraussetzungen für Familien, finanzielle Leistungen, Flexibilisierung und professionelle Verbesserung der Betreuungsangebote für Kinder), eine positive Würdigung in ihrem Umfeld und gesellschaftliche Anerkennung ihrer Arbeit.

Elternschaft als Bildungsthema braucht ein gut funktionierendes Netzwerk und die Begleitung der Maßnahmen durch standardisierte Qualitätskriterien, was nur mit ausreichend finanziellen Mittel zu gewährleisten ist.

Für das Kolloquium zu meiner Arbeit möchte ich die Elternbildungslandschaft im Landkreis Lindau darstellen und anhand der hier erläuterten Möglichkeiten zur Verbesserung nach Weiterentwicklungspotenzial suchen.

7 Anhang

1. Literaturverzeichnis

- Baum, Doris (2006): Elternschaft als Bildungsthema. Linz: Trauner Verlag.
- Beck-Gernsheim, Elisabeth (1990): Was Eltern das Leben erschwert: Neue Anforderungen und Konflikte in der Kindererziehung. In: Teichert, Volker (Hrsg.)(1990): Junge Familien in der Bundesrepublik (S.55-74). Opladen: Leske und Budrich.
- Bertram, Hans (1997): Familien leben. Darmstadt: Wissenschaftliche Buchgesellschaft.
- Bundesinstitut für Bevölkerungsforschung (2009): Struktur der Haushalte. URL abgerufen am 09.03.2010: http://www.bib-demografie.de/nn_750736/DE/ DatenundBefunde/Familienstrukturen/hh-struktur.html
- Bundeskonferenz für Erziehungsberatung e.V.: Grundberufe der Beratungsfachkräfte im Bereich Erziehungsberatung. URL abgerufen am 02.02.2010: http://www.bke.de/content/html/statistik/personell.show.html?id=361
- Bundesministerium für Familie, Senioren, Frauen und Jugend (2003): Wo bleibt die Zeit? URL abgerufen am 15.03.2010: http://www.bmfsfj.de/RedaktionBMFSFJ/Abteilung2/Pdf-Anlagen/wo-bleibt-zeit,property=pdf,bereich=bmfsfj,sprache=de,rwb=true.pdf
- Bundesministerium für Familie, Senioren, Frauen und Jugend (2010): Familienbildung und Familienberatung. URL abgerufen am 09.03.2010: http://www.bmfsfj.de/BMFSFJ/familie,did=22740.html
- Bundesministerium für Familie, Senioren, Frauen und Jugend. Familienwegweiser. URL abgerufen am 25.01.2010: http://www.familien-wegweiser.de/
- Bundesregierung (2008):3. Bilanz Chancengleichheit. Europa im Blick. URL abgerufen am 30.01.2010: http://www.bmfsfj.de/RedaktionBMFSFJ/Broschuerenstelle/Pdf-Anlagen/3.-bilanz-chancengleichheit-europa-im-blick,property=pdf,bereich=bmfsfj,sprache=de,rwb=true.pdf
- Deutscher Familienverband (Hrsg.) (1999): Handbuch Elternbildung. Opladen: Leske und Budrich.
- Deutsches Jugeninstitut (2010): Leistungen von Familie. URL abgerufen am 21.03.2010: http://cgi.dji.de/cgi-bin/projekte/output.php?projekt=6&Jump1=LINKS&Jump2=50
- Ecarius, Jutta (2008): Generation, Erziehung und Bildung. Stuttgart: Kohlhammer GmbH.
- Familienhandbuch des Staatsinstituts für Frühpädagogik (IFP) (2004): Zentrale Ergebnisse der Zeitbudgeterhebung "Wo bleibt die Zeit? Die Zeitverwendung der Be-

völkerung 2001/02".URL abgerufen am 15.03.2010:

http://www.familienhandbuch.de/cmain/f_Aktuelles/a_Elternschaft/s_1191.html

- Fthenakis, Wassilios E., Textor, Martin R. (Hrsg.) (2002): Mutterschaft, Vaterschaft. Weinheim und Basel: Beltz Verlag.

- Fuhrer, Urs (2007): Erziehungskompetenz. Bern: Verlag Hans Huber.

- Grundmann, Matthias, Hoffmeister, Dieter (2009): Familie als Interaktions- und Beziehungsgeflecht. Zum Wandel der Familie als Erziehungsinstanz. In: Mertens, Gerhard, Frost, Ursula, Böhm, Winfried, Ladenthin, Volker (Hrsg) (2009): Handbuch der Erziehungswissenschaft. Teilband III: Familie, Kindheit, Jugend, Gender. Paderborn: Verlag Ferdinand Schöningh.

- Hänggi, Yves (2009): Das Online- Elterntraining für Mütter und Väter. URL abgerufen am 01.03.2010:

  http://www.familienhandbuch.de/cmain/f_Fachbeitrag/a_Familienbildung/s_2593.html

- Harvey, Lee, Green, Diana (2007): Qualität definieren. (Übersetzung Ewald Terhart, leicht gekürzt) In: Bastiaens, Theo (2007): Qualitätssicherung und Evaluation (S.12- 35). Studienbrief Nr. 33079. FernUniversität in Hagen, Fakultät für Kultur- und Sozialwissenschaften.

- Hofmann, Ole (2001): Sehen Familien anders fern? IN: TELEVIZION 14/2001/1. URL abgerufen am 11.03.2010: http://www.familienhandbuch.de/cms/Familienforschung-Familienfernsehen.pdf

- Hundsalz, Andreas (2003): Die Erziehungs-und Familienberatung: Definition, Geschichte und Rahmenbedingungen. In: Zander, Britta, Knorr, Michael (Hrsg.) (2003): Systemische Praxis der Erziehungs- und Familienberatung (S.15- 30). Göttingen: Vandenhoeck & Ruprecht.

- Hurrelmann, Klaus, Bründel, Heidrun (2003): Einführung in die Kindheitsforschung (2.Aufl.). Weinheim, Basel, Bern: Beltz Verlag.

- Krause, Christina, Fittkau, Bernd, Fuhr, Reinhard, Thiel, Ulrich (Hrsg) (2003): Pädagogische Beratung. Paderborn: Verlag Ferdinand Schöningh.

- Kristina Schröder(04.03.2010): "Das Elterngeld stärkt die Väter - deswegen stärken wir das Elterngeld". URL abgerufen am 06.03.2010:

  http://www.bmfsfj.de/BMFSFJ/familie,did=134086.html

- Lösel, Friedrich (2006): Bestandsaufnahme und Evaluation der Angebote im Elternbildungsbereich- Abschlussbericht. Im Auftrag des Bundesministeriums für Familie, Senioren, Frauen und Jugend. URL abgerufen am 25.01.2010:

  http://www.bmfsfj.de/doku/elternbildungsbereich/html/10pdf/pdf01.html

- Lühning, Elke, Ringeisen- Tannhof, Petra (2003): Erziehungskurse für Eltern. Weinheim, Basel, Berlin: Beltz Verlag.
- Macha, Hildegard, Mauermann, Lutz (Hrsg.) (1997): Brennpunkte der Familienerziehung. Weinheim: Deutscher Studienverlag.
- Mühling, Tanja, Smolka, Adelheid (2007): Wie informieren sich bayerische Eltern über erziehungs- und familienbezogene Themen? URL abgerufen am 6.4.2010: http://www.ifb.bayern.de/imperia/md/content/stmas/ifb/materialien/mat_2007_5.pdf
- Nave- Herz, Rosemarie (2003): Familie zwischen Tradition und Moderne. Oldenburg: Bibliotheks- und Informationssystem der Carl von Ossietzky Universität.
- Nave- Herz, Rosemarie (Hrsg.) (2002): Kontinuität und Wandel der Familie in Deutschland. Ulm: Ebner und Spiegel.
- Nave-Herz, Rosemarie (2007): Familie heute (3.Aufl.).Darmstadt: Wissenschaftliche Buchgesellschaft.
- Niegemann, Helmut N., Schatta, Antje, Müller, Claudia (2007): Planung und Management von Medienprojekten. Studienbrief Nr. 33078. FernUniversität in Hagen, Fakultät für Kultur- und Sozialwissenschaften.
- Oberndorfer Rotraut, Mengel, Melanie: Familienbildung zwischen Bildungsangebot und sozialer Dienstleistung. URL abgerufen am 26.02.2010: http://www.ifb.bayern.de/imperia/md/content/stmas/ifb/materialien/mat_2004_1.pdf
- Overbeck, Annegret (1994): Psychosoziale Entwicklung in der Familie. Eschborn: Verlag Dietmar Klotz.
- Perrez, Meinrad (1997): Familienstress und Gesundheit. In: Vaskovics, Laszlo A. (Hrsg.) (1997): Familienleitbilder und Familienrealitäten (S.96-115). Opladen: Leske und Budrich.
- Pettinger, Rudolf, Rollik, Heribert(2005): Familienbildung als Angebot der Jugendhilfe. Rechtliche Grundlagen - familiale Problemlagen – Innovationen. URL abgerufen am 14.04.2010: http://www.bmfsfj.de/Publikationen/familienbildung/01-Redaktion/PDF-Anlagen/gesamtdokument,property=pdf,bereich=familienbildung, sprache=de,rwb=true.pdf
- Quilling, Eike, Nicolini, Hans J.(2009): Erfolgreiche Seminargestaltung (2.Aufl.). Wiesbaden: Verlag für Sozialwissenschaften.
- Rechtien, Wolfgang (2006): Theorien, Modell und Methoden der Beratung- einführender Überblick. Studienbrief Nr. 33288. Fachbereich Kultur- und Sozialwissenschaften. FernUniversität in Hagen.
- Ribhegge, Hermann (1997): Aufgaben und Möglichkeiten der Familienpolitik- Überlegungen zur Ökonomischen Theorie der Familie. In: Vaskovics, Laszlo A., Lipinski,

Heike (Hrsg.)(1997): Familiale Lebenswelten und Bildungsarbeit (Band 2) (S.81-99). Opladen: Leske und Budrich.

- Rolff, Hans-Günter, Zimmermann, Peter (1990): Kindheit im Wandel. Weinheim und Basel: Beltz Verlag.

- Rupp, Marina (2004): Familienbildung zwischen Bildungsangebot und sozialer Dienstleistung. Leitfaden niedrigschwelliger Angebote der Familienbildung.URL abgerufen am 26.03.2010:
http://www.ifb.bayern.de/imperia/md/content/stmas/ifb/materialien/mat_2004_1.pdf

- Rupp, Marina, Mengel, Melanie, Smolka, Adelheid (2009): Leitfaden zur Familienbildung im Rahmen der Kinder- und Jugendhilfe. URL abgerufen am 6.4.2010:
http://www.ifb.bayern.de/imperia/md/content/stmas/ifb/materialien/mat_2009_9.pdf

- Rupp, Marina, Smolka, Adelheid (2003): Elternbefragung zur Familienbildung. URL abgerufen am 26.02.2010:
http://www.ifb.bayern.de/imperia/md/content/stmas/ifb/materialien/mat_2003_on.pdf

- Schmidt-Wenzel, Alexandra (2008): Wie Eltern lernen. Opladen & Farmington Hills: Verlag Barbara Budrich.

- Schneewind, Klaus A. (1999): Familienpsychologie (2. Aufl.). Stuttgart: W. Kohlhammer.

- Schuster, Irene (1990): Familie und neue Lebensformen: Veränderungstendenzen und Entwicklungsperspektiven der jüngeren Generation. In: Teichert, Volker(Hrsg.) (1990): Junge Familien in der Bundesrepublik(S.29-53). Opladen: Leske und Budrich.

- Smolka, Adelheid: Beratungsbedarf und Informationsstrategien im Erziehungsalltag. URL abgerufen am 12.04.2010:
http://www.ifb.bayern.de/imperia/md/content/stmas/ifb/materialien/mat_2002_4.pdf

- Staatsinstitut für Familienforschung (2010): Schwerpunkte Familienbildung. URL abgerufen am 5.4.2010:
http://www.ifb.bayern.de/forschung/schwerpunkte/schwerpunkt3.html.

- Statistisches Bundesamt (2007): Geborenenstatistik. URL abgerufen am 11.03.2010:
http://www.sozialpolitik-aktuell.de/tl_files/sozialpolitik-aktuell/_Politikfelder/ Familienpolitik/Datensammlung/PDF-Dateien/abbVII1a.pdf

- Statistisches Bundesamt (2007):Kinder- und Jugendhilfestatistiken - Erziehungsberatung – 2007. URL abgerufen am 02.02.2010: https://www-ec.destatis.de/csp/shop/ sfg/bpm.html.cms.cBroker.cls?cmspath=struktur,vollanzeige.csp&ID=1024178

- Statistisches Bundesamt Deutschland (Hrsg.)(2006):Datenreport 2006.Auszug aus Teil II. URL abgerufen am 11.02.2010:
http://www.destatis.de/jetspeed/portal/cms/Sites/destatis/Internet/DE/Content/Publikat

ionen/Querschnittsveroeffentlichungen/Datenreport/Downloads/CFamilie Lebensformen,property=file.pdf

- Statistisches Bundesamt Deutschland. STATmagazin. Arbeitsmarkt (04.03.2010): Alles beim Alten: Mütter stellen ihre Erwerbstätigkeit hinten an. URL abgerufen am
09.3.2010:
http://www.destatis.de/jetspeed/portal/cms/Sites/destatis/Internet/DE/Navigation/Publi
kationen/STATmagazin/2010/Arbeitsmarkt2010__03,templateId=renderPrint.psml
__nnn=true

- Textor, Martin R. (1997): Elternberatung und Gesprächsführung.In: AVR Kindergarten
Magazin 1997, Heft 4, S. 24-26. URL abgerufen am 30.01.2010:
http://www.kindergartenpaedagogik.de/369.html

- Textor, Martin R.(2006): Familienbildung als Aufgabe der Jugendhilfe. URL abgerufen
am 25.01.2010: http://www.familienhandbuch.de/cms/Familienbildung-Jugendhilfe.pdf

- Tschöpe-Scheffler, Sigrid (Hrsg.) (2005): Konzepte der Elternbildung- eine kritische
Übersicht. Opladen: Verlag Barbara Budrich.

- Tschöpe-Scheffler, Sigrid (Hrsg.)(2006): Perfekte Eltern und funktionierende Kinder?
Opladen: Verlag Barbara Budrich.

- Vaskovics, Laszlo A.(Hrsg.)(1997): Familienleitbilder und Familienrealitäten. Opladen:
Leske und Budrich.

- Vaskovics, Laszlo A., Lipinski, Heike (Hrsg) (1996): Familiale Lebenswelten und Bildungsarbeit (1). Opladen: Leske und Budrich.

- Wahl, Klaus, Hees, Katja(Hrsg.)(2006): Helfen „Super Nanny" und Co.? Weinheim
und Basel: Beltz Verlag.

- Walter, Wolfgang, Bierschock, Kurt, Oberndorfer, Rotraut, Schmitt, Christian, Smolka,
Adelheid (2000): Familienbildung als präventives Angebot. Einrichtungen, Ansätze,
Weiterentwicklung.URL abgerufen am 26.02.2010:
http://www.ifb.bayern.de/imperia/md/content/stmas/ifb/materialien/mat_2000_5.pdf

- Wikipedia 2010: Haus- und Familienarbeit. URL abgerufen am 15.03.2010:
http://de.wikipedia.org/wiki/Haus-_und_Familienarbeit

- Wissenschaftlicher Beirat für Familienfragen (2005): Familiale Erziehungskompetenzen. Weinheim: Juventa Verlag.

2. Beschreibung des Tätigkeitsfeldes der Haus- und Familienarbeit

Koordination

in industrialisierten Ländern fallen im Bereich Haushalt und Familie vielfältige Aufgaben der Koordination an, insbesondere:

- Haushaltsplanung (Planung von Anschaffungen und Einkäufen, Mahlzeiten, Zeitplanung)

- Gestaltung der Aufgabenverteilung innerhalb der Familie beziehungsweise der Delegierung von Tätigkeiten an Hauspersonal;

- Administrative Arbeiten/Buchführung: Rechnungen begleichen, Bankgeschäfte erledigen, Haushaltsplan führen, Haushaltskasse kontrollieren, neue Anschaffungen planen, Schriftverkehr mit Versicherungen und anderen Vertragspartnern führen, inklusive gesetzlicher oder privater Krankenversicherung;

Langfristige Planung bezüglich des Werdegangs und der Entwicklung der Kinder sind im Abschnitt Aufgaben in der Familie aufgeführt.

Für die Koordination der Haus- und Familienarbeit, die gerade in Haushalten mit mehreren Kindern kompliziert sein kann, ist eine Buchführung erforderlich, die oft auf informelle Weise geschieht, mit Hilfe vielfältiger Listen, Zettel und Hefte – etwa Kalendarien, ToDo-Listen, Menüplänen, Einkaufs- und Merkzetteln. Bei Delegierung von Aufgaben an Hauspersonal nehmen die dem Haushalt vorstehenden Personen Aufgaben eines Arbeitgebers wahr (etwa Aufgabenbeschreibung, Personalauswahl, Vertragsgestaltung, Anmeldung, Versicherung, Einweisung, Qualitätskontrolle und Gehaltsabrechnung).

Eine Delegation der Kinderbetreuung an eine Tagesbetreuungseinrichtung, an Gasteltern oder an Großeltern führt zu mehr Verknüpfungspunkten zur außerfamilialen Welt und trägt zu einer größeren Komplexität des familialen Lebens bei. Wird auf mehrere Kinderbetreuungsressourcen zurückgegriffen, etwa sowohl auf Kindertageseinrichtungen als auch auf Tageseltern, so fällt Arbeit für ihre Koordination an. Eltern, die kein familiäres Unterstützungsnetz haben, müssen Brüche und Lücken selbst flexibel ausgleichen.

Des Weiteren sind im Falle der Berufstätigkeit beider Partner das berufliche Engagement und die momentane Aufteilung von Aufgaben und Verantwortung in der Familie zu koordinieren. Die innerfamiliäre Arbeitsteilung ist dabei gegebenenfalls Gegenstand einer Aushandlung zwischen den Beteiligten.

Weitere anfallende Arbeiten in Haushalt

Im Haushalt fallen vielfältige Aufgaben rund um den Einkauf, eine jahreszeitlich bedingte Lagerhaltung und die Instandhaltung für Kleidung, Nahrungsmittel und viele anderen Gegenstände des Haushalts an.

Zur Hausarbeit werden in industrialisierten Ländern üblicherweise, neben der genannten Aufgaben der Planung, ein weiter Bereich an Tätigkeiten zur Haushaltsführung gerechnet, zum Beispiel:

- Reinigung:

Staub saugen, fegen, Boden schrubben und Staub wischen,

Ungeziefer und Schimmelpilze bekämpfen,

Waschbecken, Toilette und Dusche/Badewanne reinigen, entkalken,

Mülleimer hinausbringen, Recycling-Abfall wegbringen,

Fenster putzen, Spiegel abwischen,

Möbelstücke pflegen und polieren;

- Lebensmittel und Mahlzeiten:

den Einkauf planen (Wochenhaushaltsplan erstellen), Lebensmittel einkaufen und einlagern,

Kochen, backen, braten, grillen, dünsten, Essen zubereiten, Speisen und Getränke auftischen, die Tafel herrichten,

Geschirr und Besteck spülen (Abwaschen), Geschirrspülmaschine bedienen, abgetrocknetes Geschirr wegräumen,

Vorratshaltung, Dörren, Einwecken, Einkellern,

Küchengeräte, Küchenmaschine, Wasserkocher, Kaffeemaschine etc. instandhalten und entkalken,

Haushaltsgeräte wie Kühlschrank, Backofen und Mikrowellenherd reinigen;

- Textilien und Schuhe:

Kleidung, Handtücher, Bett- und Tischwäsche und Gardinen waschen/reinigen und bügeln, gegebenenfalls reparieren (zum Beispiel flicken, stopfen), zusammenlegen und wegräumen, Handtuch und Kleidung zurechtlegen, Betten beziehen beziehungsweise Betten machen, Schuhe pflegen, Schuhe und Kleidung kaufen;

- Ordnung:

Gegenstände sortieren oder aussortieren, Räume aufräumen und entrümpeln, Glühlampen auswechseln, Batterien wechseln beziehungsweise Akkus aufladen, Hausapotheke führen;

- Heizung:

Kohleofen, Kamin, Gasheizung, Ölheizung, Elektro-Ofen, Zentralheizung etc.;

- Pflanzen:

gießen, düngen, Blumenpflege.

Manchmal wird noch folgendes zur Hausarbeit gezählt:

- Haustiere und Garten pflegen, Regentonne reinigen, im Winter Schneeräumen und Salz, Asche oder Sand streuen;

- Instandhaltung, Wartung und Reparatur: Defekte Gegenstände (z.B. Haushaltsgeräte oder Haushaltseinbauten wie Sanitäreinrichtungen, Fenster und Rolladen) reparieren lassen, Handwerker rufen, Transportmittel (Auto, Fahrrad) instandhalten bzw. reparieren oder zur Werkstatt bringen;

- Mithilfe bei Umzügen, renovieren, restaurieren, tapezieren.

Weltweit stehen einem Großteil der Menschen kaum technische Hilfsmittel für die Hausarbeit zur Verfügung, und Hausarbeit beinhaltet auch die Sicherung grundlegendster Bedürfnisse. Beispielsweise wenden in Afrika vor allem Frauen täglich mehrere Stunden dafür auf, Wasser und Brennholz zu holen. In den Industrieländern hat sich der Inhalt der Hausarbeit in den letzten Jahrhunderten deutlich verändert, wie durch einen Vergleich mit der Hauswirtschaft im 19. Jahrhundert deutlich wird.

Aufgaben in der Familie

Die elterliche Sorge umfasst die Pflege, Beaufsichtigung und Erziehung der Kinder. Diese Aufgaben sind zum Beispiel in Deutschland Pflicht und Recht der Eltern gemäß Art. 6 Abs. 2 Satz 1 und § 1626 und § 1631 BGB). Hinzu kommen durch die Vertretung des Kindes (§ 1629) bedingte Aufgaben.

Im Alltag ist Familienarbeit vorrangig die Gestaltung des Familienlebens (auch „Familienkultur" genannt). Dazu gehören:

- Kinderbetreuung und -erziehung:

  o Säuglingspflege;

  o Arztwahl und Begleitung zu Kindervorsorgeuntersuchungen, Impfungen, Schuleingangsuntersuchung, zahnärztlichen Kontrolluntersuchungen und therapeutischen Behandlungen;

  o zu jedem Kind eine vertrauensvolle und einfühlsame Beziehung entwickeln, es in seinen Eigenheiten kennenlernen und seine Vorlieben, Wünsche, Freunde kennen;

  o gemeinsame Aktivitäten (spielen, tanzen, vorlesen/lesen, Mahlzeiten vorbereiten, backen, Feste vorbereiten)

  o je nach Alter und Selbständigkeit der Kinder Hilfe bei dem An- und Ausziehen, der Körperpflege und den Hausaufgaben der Kinder, Babysitting (familienextern);

  o Vorbild sein, Gespräche führen, Unterstützung beim Erwerb von Fähigkeiten und Kompetenzen durch Zuhören, Einfühlung, Lob und das eigene Beispiel, insbesondere Geschwister im Umgang miteinander begleiten und Kinder in der Kommunikation und im Umgang mit Konflikten anleiten;

  o eine auf die Begabungen der Kinder angepasste Unterstützung bei Auswahl und Besuch von Nachmittagsaktivitäten, Begleiten/Transportieren von Kindern oder Familienangehörigen;

  o eigene Fortbildung durch Teilnahme an Elternkursen;

  o Auswahl der Schulen und Betreuungseinrichtungen, Einschulung, Anhalten der Kinder zum Schulbesuch (Schulpflicht), Dialog und Zusammenarbeit mit Lehrern und Betreuern in Schule, Kindergarten und Kinderbetreuungseinrichtungen, Teilnahme an Elternsprechtagen und Elternabenden, ggf. Mitarbeit in der Elternvertretung;

  o im Jugendalter Unterstützung bei der Wahl von Beruf, Ausbildung bzw. Studium;

  o Kindergeburtstagsfeste organisieren und feiern, jahreszeitliche oder auch religiöse Feste vorbereiten und feiern;

  o gemeinsame Ferien und Ausflüge vorbereiten;

- o kindgerechte Wohn- und Lebensumgebung schaffen, je nach Alter auch in Absprache mit den Kindern, insbesondere Kinderzimmer altersgerecht einrichten und geeignete Bücher, Spiel- und Lernmaterialien ausleihen oder kaufen;
- Betreuung behinderter Familienmitglieder:
  - o an die Art der Behinderung angepasste Betreuung, möglichst in der Familie, und Ermöglichung einer weitestmöglichen Förderung: die kindlichen Entwicklungsaufgaben begleiten und dafür sorgen, dass behinderungsbedingte Nachteile ausgeglichen werden;
- Gesundheit und Pflege (ggf. in Form von, oder in Ergänzung zu, professioneller Pflege wie Krankenpflege, Kinderkrankenpflege, Altenpflege):
  - o Arztbesuche, Pflegebedürftige oder kranke Familienangehörige zuhause pflegen oder in Krankenhaus oder Pflegeheim besuchen;
- Soziales Netzwerk:
  - o Kontakte zu Verwandten, Freunden, Nachbarn und Bekannten pflegen (Verabredungen treffen, Geschenke besorgen, Feierlichkeiten und Familienfeste organisieren, Gäste einladen und bewirten, Grußkarten, Dankeskarten usw. verschicken), Freunde von Kindern zum Spielen nach Hause einladen oder auf Ausflüge mitnehmen;
- Familieneigene Sammlungen und Dokumentation:
  - o Adressbuch, Familienkalender, Kochrezeptsammlung, Fotoalben etc. führen oder anfertigen.

Im Gegensatz dazu werden die Gestaltung der Partnerschaft und die individuelle Suche nach Orientierung, selbst wenn sie das Familienleben stark prägen, im Allgemeinen nicht der Familienarbeit, sondern dem Privatleben zugerechnet. Eltern entscheiden auch weitgehend über die religiöse Erziehung ihrer Kinder.

Der Schulerfolg der Kinder kann von der Hausaufgabenbetreuung und Unterstützung bei dem häuslichen Üben des Schulstoffs durch Familienmitglieder, Tageseltern, Erzieher in Schulhorten oder Nachhilfelehrer abhängen.

In einzelnen Ländern, so insbesondere in Deutschland, engagieren sich Eltern deutlich über die Unterstützung ihrer Kinder hinaus in der Schule. Sie tragen oft bei Schulfesten zur Verköstigung bei oder sind begleitende Aufsichtspersonen bei sportlichen Aktivitäten. Dies trifft besonders auf die ersten Schuljahre zu. In Bayern wurde vorgeschlagen, Erziehungsberechtigte in Ausnahmefällen als ehrenamtliche Vertretungen in Schulstunden einzusetzen.

(Wikipedia)

3. Tabelle mit Ansätzen zur Weiterentwicklung des Systems Familienbildung

Anbieter	ausbaufähige Maßnahmen	neuartige Maßnahmen
Familien-bildungs-stätten	Konzentration auf das "Kerngeschäft" Qualitätssicherung/Effizienzkontrolle dezentrale Angebote (in Stadtteilen, umliegenden Gemeinden usw.) offene Angebote (Elterncafé, Familien-tag/-treff, Spielnachmittag, Wande-rung/Radtour/Ausflug, Tauschbörse für Spielzeug und Kinderkleidung usw.) Angebote mit Kinderbetreuung Angebote für die ganze Familie Angebote für Väter (und Kinder) Angebote für Ausländer, Unterschicht-familien und andere wenig berücksichtigte Zielgruppen Angebote an Samstgen/Wochenenden Beratungsangebote/Weitervermittlung	Verlagerung von Kursen und Gesprächs-kreisen in Kindertageseinrichtungen, Schulen, Pfarreien usw. Referent/innenvermittlung Erschließung neuer Zielgruppen durch Kooperationsveranstaltungen mit Ämtern, Beratungsstellen, Kliniken, Selbsthilfegruppen usw. Angebote in Betrieben (z.B. "Väter im Spannungsfeld Familie-Beruf") Fortbildungen für Erzieher/innen und Lehrer/innen über Familienbildung Angebote für Elternbeiräte Aus-/Fortbildung von Tagesmüttern Babysitterschulung und -vermittlung Qualifizierung zur häuslichen Pflege Kooperation mit Familienselbsthilfe (z.B. Aus- und Fortbildung ehrenamtlicher Mitarbeiter/innen aus Mütterzentren; Unterstützung und Begleitung von Elternini-tiativen) Fortbildung von Mitarbeiter/innen aus der Jugendarbeit (Partnerschaft, Sexualität, Ehevorbereitung) Ausbildung von Migrantinnen als Leiterin-nenvon Kursen für die eigene Bevölke-rungsgruppe
Volkshoch-schulen	Ausbau des Bereichs "Familienbil-dung" Qualitätssicherung/Effizienzkontrolle dezentrale Angebote offene Angebote Angebote mit Kinderbetreuung Angebote für die ganze Familie Angebote für Väter (und Kinder) Angebote für Ausländer, Unterschicht-familien und andere wenig berücksichtigte Zielgruppen Angebote an Samstgen/Wochenenden	Verlagerung von Kursen und Gesprächs-kreisen in Kindertageseinrichtungen, Schulen, Pfarreien, Betriebe usw. Referent/innenvermittlung Erschließung neuer Zielgruppen durch Kooperationsveranstaltungen mit Ämtern, Beratungsstellen, Kliniken, Selbsthilfegrup-pen usw. Fortbildungen für Erzieher/innen und Lehrer/innen über Familienbildung Angebote für Elternbeiräte Aus- und Fortbildung von Tagesmüttern Babysitterschulung und -vermittlung Qualifizierung zur häuslichen Pflege
Kirchen (-gemeinden)	Ausbau der Ehevorbereitungs- und Ehebegleitungsangebote bei der ka-tholischen Kirche Ausbau der Eltern-Kind-Gruppen (auch: besseres Raumangebot) mehr familienbildende Angebote (Einzelveranstaltungen, Kurse, Ge-sprächskreise) Förderung der Familienbildung in kircheneigenen Institutionen (Kinderta-geseinrichtungen, Jugendverbände/-arbeit)	Schaffung von Ehevorbereitungs- und Ehebegleitungsangeboten bei der evange-lischen Kirche Angebote zur Unterstützung von Familien bei Transitionen und besonderen Problemlagen (z.B. Pflegebedürftigkeit, Armut)

Jugendämter	Übernahme der Gesamtverantwortung für den Bereich "Familienbildung": Initiierung, Planung, Begleitung und Koordination von Angeboten und Maßnahmen Mitarbeiter/in mit Zuständigkeit "Familienbildung" (je nach Größe des Jugendamtes Teilzeit- oder Vollzeitstelle bzw. Teil des Aufgabenbereichs eines Mitarbeiters) Jugendhilfeplanung: Erfassung des Bedarfs (insb. bisher wenig berücksichtigter Zielgruppen wie Unterschicht-, Ausländer-, Stief- und Pflegefamilien, von Familien in Armut usw.) und des Angebots; Planung neuer Maßnahmen Finanzierung von (neuen) Angeboten Gemeinwesen-/Stadtteilarbeit	Gründung von Arbeitskreisen, Stadtteilkonferenzen oder Arbeitsgemeinschaften nach § 79 SGB VIII: Erfassung von Bedarf und Angebot, Abstimmung der Angebote vor Ort; eventuell Erstellung einer Adressenliste, eines gemeinsamen Veranstaltungsprogramms aller Anbieter oder einer gemeinsamen Internetpräsenz (z.B. auf der Website der Kommune) Erschließung neuer Anbieter (z.B. Gesundheitsamt, Beratungsstellen, Frühförderung) und neuer Zielgruppen (z.B. Familien mit arbeitslosen, behinderten, pflegebedürftigen, ausländischen ... Mitgliedern) Initiierung von Kooperationsveranstaltungen (z.B. von mehreren Pflegekinderdiensten, von Pflegekinderdienst und Selbsthilfegruppe, von Familienbildungseinrichtung und Arbeitsamt/ Sozialamt/ASD/ Suchtberatung/Behinderteneinrichtung/Klinik) Einbindung von ASD und der Fachstellen Suchtprävention sowie Kinder- und Jugendschutz in die Familienbildung Angebote im Rahmen der Jugendarbeit/-bildung zu Geschlechtsrollen, Partnerschaft, Sexualität, Ehevorbereitung usw. Förderung des Angebots präventiver Programme, zumindest für gefährdete Zielgruppen (z.B. Pflegeeltern, binationale Ehen, Frühehen) Förderung familienbildendender Angebote seitens freiberuflicher Fachleute (z.B. Psychotherapeut/innen, Fachärzte usw.) Anlagen (z.B. eigene Fachartikel/ Broschüren, Veranstaltungskalender) beim Versand von Elternbriefen
Beratungsstellen	Intensivierung der Öffentlichkeitsarbeit unter familienbildenden Gesichtspunkten (z.B. längere Artikel in regionalen Zeitungen, Fachbeiträge für Elternbriefe von Kindertageseinrichtungen) Eltern-/Müttergesprächskreise	familienbildende Angebote in anderen Institutionen (Elternabende, Kurse, Gesprächskreise) Elternsprechstunden in Kindertageseinrichtungen und Schulen präventive Programme (Ehevorbereitung, Schulung kommunikativer Fertigkeiten, Begleitung der Transition bei Geburt des ersten Kindes usw.) Trainingsprogramme für besondere Zielgruppen (z.B. Pflegeeltern) familienbildende Angebote von Ehe-, Sucht-, Schuldner-, Verbraucher- und Ernährungsberatungsstellen
Verbände/ Vereine/ Familienselbsthilfe/ Mütter-zentren	Ausweitung familienbildender Angebote (z.B. mehr Einbeziehung von Vätern und Unterschichtangehörigen)	bessere Vernetzung präventive bzw. Trainingsprogramme Schulungen/Angebote für Angehörige Kooperationsveranstaltungen Einsatz externer Referent/innen Fortbildungen von Externen

Potentielle Anbieter		familienbildende Angebote (für besondere, bisher vernachlässigte Zielgruppen) seitens Kliniken (z.B. für Kinder- und Jugendpsychiatrie, Sozialpädiatrische Zentren, sozialpsychiatrische Dienste), Gesundheitsämtern, Gleichstellungsstellen, Sozialdiensten für Aussiedler/Ausländer, Behinderteneinrichtungen, Sozialstationen, Frauenhäusern usw.
Internet	Homepages und Veranstaltungsprogramme familienbildender Einrichtungen familienbildende Websites (Fachtexte, Foren, Chatrooms, "Fragen Sie Expert/innen")	gemeinsamer Veranstaltungskalender aller familienbildenden Einrichtungen in einer Kommune/einem Land